Gustul Soarelui
Bucătăria Mediterraneeană în Rețete Savuroase

Ana Popescu

Continuturi

biban într-un buzunar 9

Paste cremoase cu somon afumat 11

Pui grecesc la fierbere lentă 13

doner de pui 15

caserolă de pui gătită lent 17

curcan prajit grecesc 20

Cuscus de pui cu usturoi 22

pui negru 24

Cacciatore de pui cu Orzo 26

Daube provensală gătită lent 28

Ursul Bucco 30

Bourguignon de vită într-o gătită lentă 32

vițel balsamic 35

Friptura de vita 37

Orez și cârnați mediteraneeni 39

chiftele spaniole 40

Friptura de conopida cu sos de masline si citrice 42

Paste pesto cu fistic și mentă 44

Sos de roșii cherry cu paste de păr de înger 46

Tofu prăjit cu roșii uscate la soare și anghinare 48

Tempeh mediteranean copt cu roșii și usturoi 50

Ciuperci portobello prăjite cu varză și ceapă roșie 53

Dovlecel umplut cu ricotta, busuioc și fistic 57

Farro cu rosii prajite si ciuperci 59

Orzo prăjit cu vinete, micoză și mozzarella 62

Risotto de orz cu rosii 64

Naut si varza cu sos pomodoro picant 66

Branza feta copta cu varza si iaurt de lamaie 68

Vinete prajite si naut cu sos de rosii 70

Glisoare de falafel prăjite 72

Portobello Caprese 74

Roșii umplute cu ciuperci și brânză 76

grupează-te 78

Broccoli picant și inimioare de anghinare 80

Shakshuka 82

spanakopita 84

tagine 86

Citrice Arahide și Sparanghel 88

Vinete umplute cu rosii si patrunjel 90

ratatouille 92

marinar 94

Rulouri de varză 96

Varza de Bruxelles cu glazura balsamica 98

Salata de spanac cu sos de citrice 100

Salată simplă de țelină și portocale 101

rulada de vinete prajite 103

Legume la grătar și bol de orez brun 105

Conopida cu morcovi tocati 107

Cuburi de dovlecel cu usturoi și mentă 108

Preparat de dovlecei și anghinare cu Faro 109

5 ingrediente pentru plăcinta cu dovleac 111

Tagine marocană cu legume 113

Naut si salata impachetari cu telina 115

Frigarui de legume la gratar 116

Ciuperci Portobello umplute cu rosii 118

Frunze ofilite de păpădie cu ceapă dulce 120

Țelină și verdeață de muștar 121

Ouă omletă cu legume și tofu 122

zoodle simplu 124

Învelișuri cu germeni de linte și roșii 125

Plato mediteranean de legume 127

Legume prăjite și wrap cu hummus 129

fasole verde spaniolă 131

Pastă rustică de conopidă și morcov 132

Conopida prăjită și roșii 133

Dovleac ghinda prajit 135

Spanac prăjit cu usturoi 137

Dovlecel prăjit cu mentă usturoi 138

bame aburite 139

Legume dulci umplute 140

musaca de vinete 142

Frunze de struguri umplute cu legume 144

rulada de vinete la gratar 146

Bejele crocante de dovlecei 148

prăjitură cu spanac cu brânză 150

muşcături de castraveţi 152

sos de iaurt 153

bruscheta de rosii 154

Roșii umplute cu măsline și brânză 156

tapenada de ardei 157

falafel de coriandru 158

hummus cu boia 160

sos de fasole albă 161

Hummus tocat de miel 162

sos de vinete 163

legume prajite 164

Chiftele de miel bulgur 166

mușcături de castraveți 168

avocado umplut 169

prune ambalate 170

Brânză Feta marinată și anghinare 171

crochete de ton 173

somon afumat crud 176

Măsline marinate cu citrice 177

Ansoa cu tapenade de măsline 178

Ouă de diavol grecești 180

Biscuiți La Mancha 182

Burrata Caprese Stack 184

Ricotta de dovlecei prăjiți cu aioli de lămâie și usturoi 186

Castraveți umpluți cu somon 188

Pastă de brânză de capră și macrou 190

Gustul bombelor petroliere mediteraneene 192

gazpacho cu avocado 194

cești de salată de prăjitură de crab 196

Ambalaj salata de pui de tarhon portocale 198

Ciuperci umplute cu branza feta si quinoa 200

Falafel din cinci ingrediente cu sos de iaurt cu usturoi 202

Creveți lămâie cu usturoi ulei de măsline 204

Cartofi prajiti crocanti de fasole verde cu sos de iaurt de lamaie 206

Chipsuri de pita cu sare de mare de casă 208

Sos Spanakopita prajit 209

Sos de ceapă prăjită 211

tapenadă de chili 213

Crustă de cartofi grecești cu măsline și brânză feta 215

Pâine pită cu anghinare și măsline 217

biban într-un buzunar

Timp de preparare: 10 minute.

Ora mesei: 25 de minute

Porții: 4

Nivel de dificultate: mediu

Continut:

- 4 file de biban de mare
- 4 catei de usturoi, taiati felii
- 1 tulpină de țelină feliată
- 1 dovlecel feliat
- 1 C roșii cherry tăiate în jumătate
- 1 ceapă de șalotă, tăiată felii
- 1 lingurita de cimbru uscat
- sare piper

Titluri:

Amesteca intr-un castron usturoiul, telina, dovlecelul, rosiile, ceapa verde si cimbru. Se adauga sare si piper dupa gust. Luați 4 bucăți de hârtie de copt și așezați-le pe suprafața de lucru. Așezați amestecul de legume în centrul fiecărei frunze.

Pune pe el un file de pește și înfășoară strâns hârtia, astfel încât să arate ca un buzunar. Puneți peștele învelit pe o foaie de copt și coaceți într-un cuptor preîncălzit la 350 F/176 C timp de 15 minute. Peștele se servește fierbinte și proaspăt.

Nutriție (la 100 de grame): 149 calorii 2,8 g grăsimi 5,2 g carbohidrați 25,2 g proteine 696 mg sodiu

Paste cremoase cu somon afumat

Timp de preparare: 5 minute.

Ora mesei: 35 de minute

Porții: 4

Nivel de dificultate: mediu

Continut:

- 2 linguri de ulei de măsline
- 2 catei de usturoi, tocati marunt
- 1 eșalotă tocată
- 4 uncii. sau 113 g somon afumat tocat
- 1 S. mazăre verde
- 1 C smântână groasă
- sare piper
- 1 praf de fulgi de piper
- 8 oz. sau 230 g paste penne
- 6c. Acest

Titluri:

Pune tigaia la foc mediu-mare si adauga ulei. Adăugați usturoiul și eșalota. Gatiti 5 minute sau pana se inmoaie. Adăugați mazărea, sare, piper și piper cayenne. Gatiti 10 minute.

Adăugați somonul și gătiți încă 5-7 minute. Adăugați smântâna, reduceți focul și gătiți încă 5 minute.

Intre timp punem apa si sarea intr-o craticioara la foc iute, cand da in clocot adaugam pastele penne si fierbem 8-10 minute sau pana se inmoaie. Scurge pastele, adaugă la sosul de somon și servește.

Nutriție (la 100 de grame): 393 calorii 20,8 g grăsimi 38 g carbohidrați 3 g proteine 836 mg sodiu

Pui grecesc la fierbere lentă

Timp de preparare: 20 minute.

Timp de preparare: 3 ore.

Porții: 4

Nivel de dificultate: mediu

Continut:

- 1 lingura ulei de masline extravirgin
- 2 kg piept de pui dezosat
- ½ lingurita sare kosher
- ¼ lingurita piper negru
- 1 borcan (12 uncii) boia prăjită
- 1 cană măsline kalamata
- 1 ceapa rosie medie, tocata
- 3 linguri de otet de vin rosu
- 1 lingura de usturoi tocat
- 1 lingurita de miere
- 1 lingurita de cimbru uscat
- 1 lingurita de cimbru uscat
- ½ cană brânză feta (opțional, pentru servire)
- Ierburi proaspete tocate - orice amestec de busuioc, patrunjel sau cimbru (opțional pentru servire)

Titluri:

Ungeți aragazul lent cu spray de gătit sau ulei de măsline. Încinge uleiul de măsline într-o tigaie mare. Condimentați ambele părți ale pieptului de pui. Cand uleiul este incins adaugam pieptul de pui si prajim pe ambele parti (cca 3 minute).

După gătit, transferați în aragazul lent. Adăugați ardeiul gras roșu, măslinele și ceapa roșie în pieptul de pui. Încercați să puneți legumele în jurul puiului, nu direct pe el.

Într-un castron mic, amestecați oțetul, usturoiul, mierea, cimbru și cimbru. După ce se adună, se toarnă peste pui. Coaceți puiul timp de 3 ore sau până când centrul nu mai este roz. Serviți cu brânză feta mărunțită și ierburi proaspete.

Nutriție (la 100 de grame): 399 calorii 17 g grăsimi 12 g carbohidrați 50 g proteine 793 mg sodiu

doner de pui

Timp de preparare: 10 minute.

Timp de preparare: 4 ore.

Porții: 4

Nivel de dificultate: mediu

Continut:

- 2 lire sterline. piept de pui dezosat sau file de pui
- suc de lămâie
- 3 catei de usturoi
- 2 lingurițe de oțet de vin roșu
- 2-3 linguri de ulei de măsline
- ½ cană iaurt grecesc
- 2 lingurite de cimbru uscat
- 2-4 lingurițe de condimente grecești
- ½ ceapa rosie mica, tocata marunt
- 2 linguri de marar
- Sos Cacik
- 1 cană iaurt natural grecesc
- 1 lingura de marar
- 1 castravete englezesc mic, tocat
- un praf de sare si piper
- 1 lingurita de praf de ceapa
- <u>Pentru cele de mai sus:</u>

- rosii
- castraveți tocați
- Ceapa rosie tocata
- brânză albă tocată
- pâine pita mărunțită

Titluri:

Tăiați pieptul de pui cubulețe și puneți-l în aragazul lent. Adăugați sucul de lămâie, usturoiul, oțetul, uleiul de măsline, iaurtul grecesc, cimbru, condimentele grecești, ceapa roșie și mararul în aragazul lent și amestecați pentru a se combina bine.

Gatiti 5-6 ore la foc mic sau 2-3 ore la foc mare. Între timp, adăugați toate ingredientele pentru sosul tzatziki și amestecați. După ce am amestecat bine, dați la frigider până când puiul este fraged.

Când puiul este gata, serviți cu pita și cu oricare sau cu toate ingredientele enumerate mai sus.

Nutriție (la 100 de grame): 317 calorii 7,4 g grăsimi 36,1 g carbohidrați 28,6 g proteine 476 mg sodiu

caserolă de pui gătită lent

Timp de preparare: 10 minute.

Ora mesei: 20 de minute

Porții: 16

Nivel de dificultate: mediu

Continut:

- 1 cană fasole uscată, înmuiată
- 8 pulpe de pui fără piele, cu os
- 1 cârnați polonez, fiert și tocat (opțional)
- 1¼ cană suc de roșii
- 1 conserve (28 uncii) de roșii, tăiate la jumătate
- 1 lingură de sos Worcestershire
- 1 linguriță granule de supă instant de vită sau pui
- ½ lingurita busuioc uscat
- ½ linguriță de cimbru uscat
- ½ linguriță de boia
- ½ cană țelină tocată
- ½ cana morcovi tocati
- ½ cană ceapă tocată

Titluri:

Ungeți aragazul lent cu ulei de măsline sau spray de gătit antiadeziv. Într-un castron, amestecați sucul de roșii, roșiile, sosul

Worcestershire, bulionul, busuiocul, cimbru și boia de ardei. Asigurați-vă că ingredientele sunt bine amestecate.

Puneți puiul și cârnații în aragazul lent și turnați amestecul de suc de roșii. Pune pe ea țelina, morcovul și ceapa. Gatiti la foc mic timp de 10-12 ore.

Nutriție (la 100 de grame): 244 calorii 7 g grăsimi 25 g carbohidrați 21 g

Pui Provence cu gătire lentă

Timp de preparare: 5 minute.

Timp de preparare: 8 ore.

Porții: 4

Nivel de dificultate: Ușor

Continut:

- 4 jumătate de piept de pui dezosați și fără piele (6 uncii)
- 2 lingurite busuioc uscat
- 1 lingurita de cimbru uscat
- 1/8 lingurita sare
- 1/8 lingurita piper negru proaspat macinat
- 1 ardei gras galben, tocat
- 1 ardei rosu, tocat
- 1 conserve (15,5 uncii) de fasole cannellini
- 1 conserve (14,5 oz) de roșii baby cu busuioc, usturoi și cimbru, scurse

Titluri:

Ungeți aragazul lent cu ulei de măsline antiadeziv. Pune toate ingredientele în slow cooker și amestecă. Gatiti la foc mic timp de 8 ore.

Nutriție (la 100 de grame): 304 calorii 4,5 g grăsimi 27,3 g carbohidrați 39,4 g proteine 639 mg sodiu

curcan prajit grecesc

Timp de preparare: 20 minute.

Ora mesei: 7:30 dimineața

Porții: 8

Nivel de dificultate: mediu

Continut:

- 1 (4 kg) piept de curcan dezosat, feliat
- ½ cană bulion de pui, împărțit
- 2 linguri de suc proaspăt de lămâie
- 2 cani de ceapa tocata
- ½ cană măsline Kalamata fără sâmburi
- Roșii uscate la soare tăiate felii subțiri, ambalate în ½ cană de ulei
- 1 lingurita condiment grecesc
- ½ linguriță de sare
- ¼ de lingurita piper negru proaspat macinat
- 3 linguri de făină universală (sau grâu integral).

Titluri:

Ungeți aragazul lent cu spray antiaderent sau ulei de măsline. Adăugați curcan, ¼ de cană de supă de pui, suc de lămâie, ceapă, măsline, roșii uscate la soare, condimente grecești, sare și piper în aragazul lent.

Gatiti la foc mic timp de 7 ore. Turnați făina în restul de ¼ de cană de supă de pui, apoi amestecați ușor în aragazul lent. Gatiti inca 30 de minute.

Nutriție (la 100 de grame):341 calorii 19 g grăsimi 12 g carbohidrați 36,4 g proteine 639 mg sodiu

Cuscus de pui cu usturoi

Timp de preparare: 25 minute.

Timp de preparare: 7 ore.

Porții: 4

Nivel de dificultate: mediu

Continut:

- 1 pui întreg, tocat
- 1 lingura ulei de masline extravirgin
- 6 catei de usturoi taiati in jumatate
- 1 pahar de vin alb sec
- 1 cană de cușcuș
- ½ linguriță de sare
- ½ lingurita piper
- 1 ceapă medie, feliată subțire
- 2 lingurite de cimbru uscat
- 1/3 cană făină integrală

Titluri:

Încinge uleiul de măsline într-o tigaie grea. Cand tigaia este incinsa, adauga puiul sa se rumeneasca. Aveți grijă să nu lăsați bucățile de pui să se atingă. Gatiti cu pielea in jos aproximativ 3 minute sau pana devine maro auriu.

Acoperiți aragazul lent cu spray de gătit antiaderent sau ulei de măsline. Pune ceapa, usturoiul și cimbrul în aragazul lent și asezonează cu sare și piper. Adăugați puiul la ceapă.

Într-un castron separat, amestecați făina cu vinul până se omogenizează, apoi turnați peste pui. Coaceți timp de 7 ore sau până când este gata. Puteți găti la foc mare timp de 3 ore. Serviți puiul peste cușcușul fiert și turnați peste el sosul.

Nutriție (la 100 de grame): 440 calorii 17,5 g grăsimi 14 g carbohidrați 35,8 g proteine 674 mg sodiu

pui negru

Timp de preparare: 5 minute.

Timp de preparare: 5 ore.

Porții: 4

Nivel de dificultate: Ușor

Continut:

- 2 lire sterline. piept sau pulpă de pui
- ¼ cană de ulei de măsline
- 1 conserva mica de pasta de rosii
- 1 lingura de unt
- 1 ceapa mare, tocata
- ½ cană iaurt natural grecesc
- ½ cană de apă
- 2 linguri pasta de usturoi ghimbir
- 3 linguri de frunze de coriandru
- 1 lingurita coriandru macinat
- 1 roșie medie
- 1 lingurita de ardei rosu
- 2 ardei verzi
- 1 lingurita turmeric
- 1 lingura de garam masala
- 1 lingurita de chimen pudra
- 1 lingurita sare de mare
- ¼ lingurita de nucsoara

Titluri:

Ungeți aragazul lent cu spray de gătit antiadeziv. Amestecă bine toate condimentele într-un castron mic. Aruncă puiul în aragazul lent, apoi adaugă celelalte ingrediente, inclusiv amestecul de condimente. Se amestecă până când totul este bine amestecat cu condimentele.

Gatiti la foc mic timp de 4-5 ore. Serviți cu naan sau pâine italiană.

Nutriție (la 100 de grame): 345 calorii 9,9 g grăsimi 10 g carbohidrați 53,7 g proteine 715 mg sodiu

Cacciatore de pui cu Orzo

Timp de preparare: 20 minute.

Timp de preparare: 4 ore.

Porții: 6

Nivel de dificultate: Ușor

Continut:

- 2 kg pulpe de pui decojite
- 1 lingura de ulei de masline
- 1 cană de ciuperci, tăiate în sferturi
- 3 morcovi, tocați mărunt
- 1 borcan mic de măsline Kalamata
- 2 conserve (14 uncii) de roșii tăiate cubulețe
- 1 conserva mica de pasta de rosii
- 1 pahar de vin roșu
- 5 catei de usturoi
- 1 cană de orzo

Titluri:

Încinge uleiul de măsline într-o tigaie mare. Când uleiul este fierbinte, adăugați puiul cu pielea în jos și prăjiți până se rumenește. Aveți grijă să nu lăsați bucățile de pui să se atingă.

Când puiul este rumenit, adăugați-l în slow cooker cu toate ingredientele, cu excepția orzoului. Gatiti puiul timp de 2 ore, apoi adaugati orzo si gatiti inca 2 ore. Serviți cu pâine franțuzească crocantă.

Nutriție (la 100 de grame): 424 calorii 16 g grăsimi 10 g carbohidrați 11 g proteine 845 mg sodiu

Daube provensală gătită lent

Timp de preparare: 15 minute.

Timp de preparare: 8 ore.

Porții: 8

Nivel de dificultate: mediu

Continut:

- 1 lingura de ulei de masline
- 10 catei de usturoi tocati
- 2 kg roast beef dezosat
- 1½ linguriță sare, împărțită
- ½ linguriță piper negru proaspăt măcinat
- 1 pahar de vin roșu sec
- 2 cani de morcovi tocati
- 1½ cani ceapa tocata
- ½ cană de bulion de vită
- 1 conserve (14 uncii) de roșii tăiate cubulețe
- 1 lingura de piure de rosii
- 1 lingurita rozmarin proaspat tocat
- 1 lingurita de cimbru proaspat tocat
- ½ linguriță de coajă de portocală
- ½ lingurita de scortisoara macinata
- ¼ linguriță cuișoare măcinate
- 1 frunză de dafin

Titluri:

Preîncălziți o tigaie, apoi adăugați uleiul de măsline. Se adauga usturoiul si ceapa tocate si se calesc pana ce ceapa se inmoaie si usturoiul devine maro.

Adăugați carnea tocată, asezonați cu sare și piper și prăjiți până când carnea este aurie. Transferați carnea în aragazul lent. Amestecați bulionul în tigaie și fierbeți aproximativ 3 minute pentru a rumeni tigaia, apoi turnați peste carnea de vită în aragazul lent.

Adăugați restul ingredientelor în aragazul lent și amestecați bine. Setați aragazul lent la mic și gătiți timp de 8 ore, sau setați la mare și gătiți timp de 4 ore. Serviți cu paste cu ou, orez sau niște pâine italiană crocantă.

Nutriție (la 100 de grame): 547 calorii 30,5 g grăsimi 22 g carbohidrați 45,2 g proteine 809 mg sodiu

Ursul Bucco

Timp de preparare: 30 minute.

Timp de preparare: 8 ore.

Porții: 3

Nivel de dificultate: mediu

Continut:

- 4 pulpe de vițel sau de vițel
- 1 lingurita sare de mare
- ½ lingurita piper negru macinat
- 3 linguri de faina integrala de grau
- 1-2 linguri de ulei de măsline
- 2 cepe medii, tocate
- 2 morcovi medii, tocați
- 2 tulpini de telina, tocate
- 4 catei de usturoi, tocati
- 1 conserve (14 uncii) de roșii tăiate cubulețe
- 2 lingurite frunze de cimbru uscat
- ½ cană bulion de carne sau legume

Titluri:

Se condimentează picioarele pe ambele părți, apoi se scufundă în făină pentru a le acoperi. Încinge o tigaie mare la foc mare. Adăugați uleiul de măsline. Când uleiul este fierbinte, adăugați pulpele și prăjiți uniform pe ambele părți. Când devine maro auriu, transferați în aragazul lent.

Se toarnă bulionul în tigaie și se fierbe, amestecând, timp de 3-5 minute, astfel încât tigaia să devină roșie. Pune celelalte ingrediente in slow cooker si toarna deasupra apa din tigaie.

Setați aragazul lent la mic și gătiți timp de 8 ore. Osso Bucco se servește peste quinoa, orez brun sau chiar orez cu conopidă.

Nutriție (la 100 de grame): 589 calorii 21,3 g grăsimi 15 g carbohidrați 74,7 g proteine 893 mg sodiu

Bourguignon de vită într-o gătită lentă

Timp de preparare: 5 minute.

Timp de preparare: 8 ore.

Porții: 8

Nivel de dificultate: Greu

Continut:

- 1 lingura ulei de masline extravirgin
- 6 uncii de bacon, tocat grosier
- 3 kg carne de vită slabă tăiată în cuburi de 2 inci
- 1 morcov mare, feliat
- 1 ceapă albă mare, tocată
- 6 catei de usturoi, tocati si impartiti
- ½ lingurita sare grunjoasa
- ½ linguriță de piper proaspăt măcinat
- 2 linguri de cereale integrale
- 12 cepe mici
- 3 pahare de vin roșu (Merlot, Pinot Noir sau Chianti)
- 2 cesti supa de vita
- 2 linguri de pasta de tomate
- 1 cub de bulion de carne, zdrobit
- 1 lingurita de cimbru proaspat, tocat
- 2 linguri de patrunjel proaspat
- 2 foi de dafin
- 2 linguri de unt sau 1 lingura de ulei de masline

- 1 kilogram de ciuperci proaspete, albe sau maro, tăiate în patru

Titluri:

Se incinge o tigaie la foc mediu-mare si se adauga uleiul de masline. Când uleiul este fierbinte, prăjiți baconul până devine crocant, apoi puneți-l în aragazul lent. Pune unsoarea de bacon in tava.

Uscați carnea și prăjiți-o în aceeași tigaie cu grăsime de bacon până se rumenește uniform pe toate părțile. Transferați într-un aragaz lent.

Puneti ceapa si morcovul intr-un aragaz si asezonati cu sare si piper. Amestecați ingredientele și asigurați-vă că totul este condimentat.

Turnați vinul roșu în tigaie și gătiți timp de 4-5 minute până când tigaia devine roșie, apoi adăugați făina și amestecați până se omogenizează. Continuați să gătiți până când lichidul se reduce și se îngroașă ușor.

Când lichidul se îngroașă, turnați-l în aragazul lent și amestecați pentru a acoperi totul cu amestecul de vin. Adaugam piureul de rosii, bulionul, cimbru, patrunjel, 4 catei de usturoi si dafin. Setați aragazul lent la mare și gătiți timp de 6 ore sau setați la mic și gătiți timp de 8 ore.

Se inmoaie untul sau se incinge uleiul de masline intr-o tigaie la foc mediu. Odată ce uleiul este fierbinte, adăugați cei 2 căței de usturoi rămași și gătiți aproximativ 1 minut înainte de a adăuga ciupercile.

Gătiți ciupercile până se înmoaie, apoi puneți-le în aragazul lent și amestecați.

Serviți cu piure de cartofi, orez sau paste.

Nutriție (la 100 de grame): 672 calorii 32 g grăsimi 15 g carbohidrați 56 g proteine 693 mg sodiu

vițel balsamic

Timp de preparare: 5 minute.

Timp de preparare: 8 ore.

Porții: 10

Nivel de dificultate: mediu

Continut:

- 2 kg roast beef dezosat
- 1 lingura de ulei de masline
- Frecare
- 1 lingurita praf de usturoi
- ½ lingurita praf de ceapa
- 1 lingurita sare de mare
- ½ linguriță piper negru proaspăt măcinat
- FUND
- ½ cană de oțet balsamic
- 2 linguri de miere
- 1 lingura mustar si miere
- 1 cană bulion de vită
- 1 lingură tapioca, făină integrală de grâu sau amidon de porumb (pentru a îngroșa sosul dacă este necesar)

Titluri:

Adăugați toate ingredientele pentru masaj.

Într-un castron separat, amestecați oțetul balsamic, mierea, muștarul cu miere și bulionul. Ungeți friptura cu ulei de măsline, apoi ungeți în ea condimentele din amestecul tartinabil. Pune friptura într-un aragaz, apoi toarnă deasupra sosul. Setați aragazul lent la mic și gătiți timp de 8 ore.

Dacă doriți să îngroșați sosul pentru prăjit, transferați-l din aragazul lent într-un bol. Apoi turnați uleiul lichid într-o cratiță și fierbeți-l pe aragaz. Se amestecă făina până se omogenizează și se fierbe până se îngroașă sosul.

Nutriție (la 100 de grame): 306 calorii 19 g grăsimi 13 g carbohidrați 25 g proteine 823 mg sodiu

Friptura de vita

Timp de preparare: 20 minute.

Timp de preparare: 5 ore.

Porții: 8

Nivel de dificultate: mediu

Continut:

- 2 linguri de ulei de măsline
- sare piper
- 3 kg roast beef dezosat, legat
- 4 morcovi medii, decojiti
- 2 păstârnac, curățați și tăiați la jumătate
- 2 guli-rabe albi, decojiti si taiati in patru
- 10 catei de usturoi curatati de coaja
- 2 crengute de cimbru proaspat
- 1 portocala spalata si rasa
- 1 cana supa de pui sau vita

Titluri:

Încinge o tigaie mare la foc mediu-înalt. Ungeți friptura cu ulei de măsline, apoi condimentați cu sare și piper. Când tigaia este fierbinte, adăugați friptura și prăjiți pe toate părțile. Acest lucru durează aproximativ 3 minute pe fiecare parte, dar acest proces blochează sucurile și face carnea suculentă.

Când sunt gătite, puneți în slow cooker. Arunca morcovii, pastarnacul, napii si usturoiul intr-o tigaie. Amestecați și gătiți aproximativ 5 minute, dar nu complet, doar pentru a obține niște bucăți maro din carnea de vită și pentru a adăuga culoare.

Transferați legumele în aragazul lent, aranjandu-le în jurul cărnii. Ungeți partea de sus a fripturii cu cimbru și coajă de portocală. Tăiați portocala în jumătate și stoarceți sucul peste carne. Adăugați bulionul de pui, apoi gătiți friptura timp de 5 ore.

Nutriție (la 100 de grame): 426 calorii 12,8 g grăsimi 10 g carbohidrați 48,8 g proteine 822 mg sodiu

Orez și cârnați mediteraneeni

Timp de preparare: 15 minute.

Timp de preparare: 8 ore.

Porții: 6

Nivel de dificultate: mediu

Continut:

- 1½ kg cârnați italieni, mărunțiți
- 1 ceapa rosie medie tocata fin
- 2 linguri de sos de friptură
- 2 căni de orez cu bob lung, nefiert
- 1 conserve (14 oz.) roșii tăiate cubulețe cu suc
- ½ cană de apă
- 1 ardei verde mediu, tocat

Titluri:

Pulverizați aragazul lent cu ulei de măsline sau spray de gătit antiadeziv. Adăugați cârnații, ceapa și sosul de friptură în aragazul lent. Se lasa la foc mic 8-10 ore.

După 8 ore, adăugați orezul, roșiile, apa și ardeiul verde. Se amestecă bine. Coaceți încă 20-25 de minute.

Nutriție (la 100 de grame): 650 calorii 36 g grăsimi 11 g carbohidrați 22 g proteine 633 mg sodiu

chiftele spaniole

Timp de preparare: 20 minute.

Timp de preparare: 5 ore.

Porții: 6

Nivel de dificultate: Greu

Continut:

- 1 kg curcan măcinat
- 1 kg carne tocata de vita
- 2 oua
- 1 conserve (20 uncii) de roșii tăiate cubulețe
- ¾ cană ceapă dulce tocată, împărțită
- ¼ cană plus 1 lingură pesmet
- 3 linguri patrunjel proaspat tocat
- 1½ linguriță de chimen
- 1½ linguriță boia de ardei (dulce sau iute)

Titluri:

Pulverizați aragazul lent cu ulei de măsline.

Amestecați carnea de vită, oul, aproximativ jumătate din ceapă, pesmetul și condimentele într-un castron.

Spălați-vă mâinile și amestecați până când totul este bine combinat. Nu amestecați prea mult chiftelele, deoarece acest lucru le va face tari. Formăm chiftele. Mărimea pieselor pe care le faceți va determina, evident, numărul de chiftele.

Încinge 2 linguri de ulei de măsline într-o tigaie la foc mediu. Cât sunt fierbinți, amestecați chiftelele și prăjiți pe toate părțile. Asigurați-vă că bilele nu se ating între ele, astfel încât să se rumenească uniform. Când sunt gata, transferați-le în aragazul lent.

Adăugați ceapa și roșiile rămase în tigaie și gătiți câteva minute, răzuind bucățile maro de pe chiftele pentru aromă. Transferați roșiile în chiftele în aragazul lent și gătiți timp de 5 ore.

Nutriție (la 100 de grame): 372 calorii 21,7 g grăsimi 15 g carbohidrați 28,6 proteine 772 mg sodiu

Friptura de conopida cu sos de masline si citrice

Timp de preparare: 15 minute.

Ora mesei: 30 minute

Porții: 4

Nivel de dificultate: mediu

Continut:

- 1 sau 2 conopidă mare
- 1/3 cană ulei de măsline extravirgin
- ¼ linguriță sare kosher
- 1/8 lingurita piper negru macinat
- suc de 1 portocala
- coaja de 1 portocala
- ¼ cană măsline negre, fără sâmburi și tocate
- 1 lingură Dijon sau muștar de cereale
- 1 lingura de otet de vin rosu
- ½ lingurita coriandru macinat

Titluri:

Preîncălziți cuptorul la 400°F. Pune hartie de copt sau folie pe tava. Tăiați tulpina de conopidă în poziție verticală. Tăiați vertical în patru frunze groase. Așezați conopida pe foaia de copt pregătită. Stropiți cu ulei de măsline, sare și piper. Gatiti aproximativ 30 de minute.

Într-un castron mediu, combinați sucul de portocale, coaja de portocale, măslinele, muștarul, oțetul și coriandru; amesteca bine. Se serveste cu sos.

Nutriție (la 100 de grame): 265 calorii 21 g grăsimi 4 g carbohidrați 5 g proteine 693 mg sodiu

Paste pesto cu fistic și mentă

Timp de preparare: 10 minute.

Ora mesei: 10 minute

Porții: 4

Nivel de dificultate: mediu

Continut:

- 8 uncii paste integrale de grâu
- 1 cană de mentă proaspătă
- ½ cană busuioc proaspăt
- 1/3 cană fistic nesărat în coajă
- 1 catel de usturoi curatat de coaja
- ½ lingurita sare kosher
- suc de ½ lămâie
- 1/3 cană ulei de măsline extravirgin

Titluri:

Gatiti pastele conform instructiunilor de pe ambalaj. Se acopera cu o jumatate de pahar de apa pentru paste, se scurge si se lasa deoparte. Intr-un robot de bucatarie adaugam menta, busuiocul, fisticul, usturoiul, sarea si zeama de lamaie. Procesați fisticul până când sunt măcinați fin. Adăugați uleiul de măsline într-un flux lent și constant și procesați până se omogenizează.

Într-un castron mare, amestecați pastele cu pesto de fistic. Dacă doriți o textură mai fină, mai picantă, adăugați puțină apă pentru paste și amestecați bine.

Nutriție (la 100 de grame): 420 calorii 3 g grăsimi 2 g carbohidrați 11 g proteine 593 mg sodiu

Sos de roşii cherry cu paste de păr de înger

Timp de preparare: 10 minute.
Ora mesei: 20 de minute
Porţii: 4
Nivel de dificultate: mediu

Continut:

- 8 uncii paste de păr de înger
- 2 linguri ulei de masline extravirgin
- 3 catei de usturoi tocati marunt
- 3 litri de rosii cherry
- ½ lingurita sare kosher
- ¼ de linguriță fulgi de ardei roşu
- ¾ cană busuioc proaspăt, tocat
- 1 lingura de otet balsamic alb (optional)
- ¼ cană parmezan ras (opțional)

Titluri:

Gatiti pastele conform instructiunilor de pe ambalaj. Descărcați și rezervați.

Încinge uleiul de măsline într-o tigaie sau o tigaie mare la foc mediu-mare. Adăugați usturoiul și prăjiți timp de 30 de secunde. Adăugați roșiile, fulgii de sare și piper și gătiți, amestecând din când în când, timp de aproximativ 15 minute, până când roșiile s-au înmuiat.

Scoatem de pe aragaz si adaugam pastele si busuiocul. Se amestecă bine. (Pentru roșiile din afara sezonului, adăugați oțet dacă este necesar și amestecați bine.) Serviți.

Nutriție (la 100 de grame): 305 calorii 8 g grăsimi 3 g carbohidrați 11 g proteine 559 mg sodiu

Tofu prăjit cu roșii uscate la soare și anghinare

Timp de preparare: 30 minute.

Ora mesei: 30 minute

Porții: 4

Nivel de dificultate: mediu

Continut:

- 1 pachet (16 uncii) tofu extra ferm, tăiat în cuburi de 1 inch
- 2 linguri ulei de măsline extravirgin, împărțit
- 2 linguri de suc de lamaie, impartite
- 1 lingură sos de soia cu conținut scăzut de sodiu
- 1 ceapă
- ½ lingurita sare kosher
- 2 catei de usturoi, tocati marunt
- 1 conserve (14 uncii) inimioare de anghinare, scurse
- 8 roșii uscate
- ¼ de lingurita piper negru proaspat macinat
- 1 lingura de otet de vin alb
- coaja de 1 lamaie si
- ¼ cană pătrunjel proaspăt tocat

Titluri:

Preîncălziți cuptorul la 400°F. Pune folie sau hârtie de copt pe tavă. Într-un castron, amestecați tofu, 1 lingură de ulei de măsline, 1 lingură de suc de lămâie și sos de soia. Se lasa sa stea 15-30 de minute si se lasa la marinat. Așezați tofu într-un singur strat pe foaia de copt pregătită și coaceți timp de 20 de minute, răsturnând o dată, până se rumenește ușor.

Gatiti sau prajiti restul de 1 lingura de ulei de masline intr-o tigaie mare la foc mediu. Adăugați ceapa și sare; Gatiti 5-6 minute pana devine translucid. Adăugați usturoiul și prăjiți timp de 30 de secunde. Se adauga apoi inimioarele de anghinare, rosiile uscate si piper negru si se prajesc 5 minute. Adăugați oțetul de vin alb și lingura rămasă de suc de lămâie, apoi goliți tigaia și răzuiți bucățile maro. Se ia cratita de pe foc si se adauga coaja de lamaie si patrunjelul. Amestecați cu grijă tofuul prăjit.

Nutriție (la 100 de grame): 230 calorii 14 g grăsimi 5 g carbohidrați 14 g proteine 593 mg sodiu

Tempeh mediteranean copt cu roşii şi usturoi

timp de pregatire: 25 minute plus 4 ore pentru marinată
Ora mesei: 35 de minute
Porții: 4
Nivel de dificultate: Greu

Continut:

- <u>pentru tempeh</u>
- 12 uncii tempeh
- ¼ pahar de vin alb
- 2 linguri ulei de masline extravirgin
- 2 linguri de suc de lamaie
- coaja de 1 lamaie si
- ¼ linguriță sare kosher
- ¼ de lingurita piper negru proaspat macinat
- <u>Pentru sosul de rosii si usturoi</u>
- 1 lingura ulei de masline extravirgin
- 1 ceapă
- 3 catei de usturoi tocati marunt
- 1 conserve (14,5 uncii) de roşii nesărate, zdrobite
- 1 rosie de vita, tocata
- 1 frunză de dafin uscată
- 1 lingurita de otet de vin alb

- 1 lingurita de suc de lamaie.
- 1 lingurita de cimbru uscat
- 1 lingurita de cimbru uscat
- ¾ linguriță sare kosher
- ¼ cană busuioc, tăiat fâșii

Titluri:

a face tempeh

Pune tempeh-ul într-o tigaie medie. Adăugați suficientă apă pentru a o acoperi cu 1-2 inci. Se aduce la fierbere la foc mediu-mare, se acopera si se fierbe la foc mic. Gatiti 10-15 minute. Scoateți tempehul, uscați, lăsați să se răcească și tăiați-l în cuburi de 1 inch.

Se amestecă vinul alb, uleiul de măsline, sucul de lămâie, coaja de lămâie, sare și piper. Adăugați tempeh, acoperiți vasul și lăsați-l la frigider pentru 4 ore sau peste noapte. Preîncălziți cuptorul la 375°F. Puneți tempehul marinat și marinada pe o foaie de copt și coaceți timp de 15 minute.

Pentru a pregăti sosul de roșii-usturoi

Încinge uleiul de măsline într-o tigaie mare la foc mediu. Adăugați ceapa și căleți până când devine translucid în 3-5 minute. Adăugați usturoiul și prăjiți timp de 30 de secunde. Adăugați roșiile zdrobite, roșiile de vită, foile de dafin, oțetul, zeama de lămâie, cimbru, cimbru și sare. Se amestecă bine. Gatiti la foc mic timp de 15 minute.

Adăugați tempehul prăjit în amestecul de roșii și amestecați ușor. Se ornează cu busuioc.

SFAT DE ÎNLOCUIRE: Dacă nu aveți tempeh sau doriți doar să accelerați procesul de gătire, puteți folosi o cutie de 14,5 uncii de fasole marine în loc de tempeh. Se spală fasolea și se adaugă în sos împreună cu roșiile zdrobite. Un fel principal vegan grozav într-o jumătate de oră!

Nutriție (la 100 de grame): 330 calorii 20 g grăsimi 4 g carbohidrați 18 g proteine 693 mg sodiu

Ciuperci portobello prăjite cu varză și ceapă roșie

Timp de preparare: 30 minute.

Ora mesei: 30 minute

Porții: 4

Nivel de dificultate: Greu

Conținut:

- ¼ cană oțet de vin alb
- 3 linguri ulei de măsline extravirgin, împărțit
- ½ linguriță de miere
- ¾ linguriță sare kosher, împărțită
- ¼ de lingurita piper negru proaspat macinat
- 4 ciuperci portobello mari, tulpinile îndepărtate
- 1 ceapa rosie, micsorata
- 2 catei de usturoi, tocati marunt
- 1 buchet (8 uncii) varză de varză, cu tulpină și tocată
- ¼ de linguriță fulgi de ardei roșu
- ¼ cană parmezan sau brânză Romano rasă

Titluri:

Pune hartie de copt sau folie de aluminiu pe tava. Într-un castron mediu, amestecați oțetul, 1 ½ linguriță ulei de măsline, miere, ¼ linguriță de sare și piper. Aranjați ciupercile pe tavă și stropiți peste ele marinada. Se lasa la marinat 15-30 de minute.

Între timp, preîncălziți cuptorul la 400°F. Gatiti ciupercile timp de 20 de minute, intoarcendu-le la jumatate. Încălziți restul de 1½ linguri de ulei de măsline într-o tigaie mare sau prăjiți la foc mediu-înalt. Adăugați ceapa și jumătate de linguriță de sare rămasă și prăjiți până se rumenește în 5-6 minute. Adăugați usturoiul și prăjiți timp de 30 de secunde. Se adauga varza si fulgii de ardei rosu si se calesc aproximativ 5 minute pana cand varza este complet fiarta.

Scoateți ciupercile din cuptor și măriți focul pentru a găti. Turnați cu grijă lichidul din tigaie în tigaia cu amestecul de varză; amesteca bine. Întoarceți dopul astfel încât tulpina să fie în sus. Se toarnă puțin din amestecul de varză peste fiecare ciupercă. Presărați 1 lingură de parmezan deasupra fiecăruia. Prăjiți până se rumenesc.

Nutriție (la 100 de grame): 200 calorii 13 g grăsimi 4 g carbohidrați 8 g proteine

Tofu balsamic marinat cu busuioc și cimbru

Timp de preparare: 40 minute.

Ora mesei: 30 minute

Porții: 4

Nivel de dificultate: mediu

Continut:

- ¼ cană de ulei de măsline extravirgin
- ¼ cană oțet balsamic
- 2 linguri de sos de soia cu conținut scăzut de sodiu
- 3 catei de usturoi, rasi
- 2 lingurite sirop de arțar pur
- coaja de 1 lamaie si
- 1 lingurita busuioc uscat
- 1 lingurita de cimbru uscat
- ½ linguriță de cimbru uscat
- ½ linguriță de salvie uscată
- ¼ linguriță sare kosher
- ¼ de lingurita piper negru proaspat macinat
- ¼ linguriță fulgi de ardei roșu (opțional)
- 1 bloc (16 uncii) tofu extra ferm

Titluri:

Într-un castron de galoane sau într-o pungă cu fermoar, combinați uleiul de măsline, oțetul, sosul de soia, usturoiul, siropul de arțar, coaja de lămâie, busuioc, oregano, cimbru, salvie, sare, piper și fulgi de boia de ardei, dacă este necesar. Adăugați tofu și amestecați ușor. Pune la frigider și lasă la marinat timp de 30 de minute, sau chiar peste noapte dacă este necesar.

Pregătiți cuptorul la 425°F. Pune hartie de copt sau folie pe tava. Puneți tofuul marinat într-un singur strat în tava pregătită. Coaceți 20-30 de minute, întorcându-le din când în când, până devine ușor crocantă.

Nutriție (la 100 de grame): 225 calorii 16 g grăsimi 2 g carbohidrați 13 g proteine 493 mg sodiu

Dovlecel umplut cu ricotta, busuioc și fistic

Timp de preparare: 15 minute.
Ora mesei: 25 de minute
Porții: 4
Nivel de dificultate: mediu

Continut:

- 2 dovlecei medii, tăiați în jumătate pe lungime
- 1 lingura ulei de masline extravirgin
- 1 ceapă
- 1 lingurita sare kosher
- 2 catei de usturoi, tocati marunt
- ¾ cană brânză ricotta
- ¼ cană fistic nesărat, decojit și tocat
- ¼ cană busuioc proaspăt tocat
- 1 ou mare, bătut
- ¼ de lingurita piper negru proaspat macinat

Titluri:

Preîncălziți cuptorul la 425 ° F. Pune hârtie de copt sau folie de aluminiu pe o foaie de copt. Tăiați semințele/carnea de la dovlecel, lăsând ¼ inch de carne pe margini. Puneți aluatul pe o masă de tăiat și tăiați pulpa.

Încinge uleiul de măsline într-o tigaie la foc mediu. Adăugați ceapa, pulpa și sarea și prăjiți aproximativ 5 minute. Adăugați usturoiul și prăjiți timp de 30 de secunde. Se amestecă brânza ricotta, fistic, busuioc, ou și piper. Adăugați amestecul de ceapă și amestecați bine.

Aranjați jumătățile celor 4 dovlecei în tava pregătită. Ungeți jumătate din dovleac cu amestecul de ricotta. Gatiti pana devin aurii.

Nutriție (la 100 de grame): 200 calorii 12 g grăsimi 3 g carbohidrați 11 g proteine 836 mg sodiu

Farro cu rosii prajite si ciuperci

Timp de preparare: 20 minute.

Timp de gătire: 1 oră.

Porții: 4

Nivel de dificultate: Greu

Continut:

- <u>la roșie</u>
- 2 litri de rosii cherry
- 1 lingurita ulei de masline extravirgin
- ¼ linguriță sare kosher
- <u>la far</u>
- 3-4 pahare de apă
- ½ cană farro
- ¼ linguriță sare kosher
- <u>la ciupercă</u>
- 2 linguri ulei de masline extravirgin
- 1 cap de ceapa rosie
- ½ lingurita sare kosher
- ¼ de lingurita piper negru proaspat macinat
- 10 uncii de ciuperci pui, cu tulpină și felii subțiri
- ½ cană bulion de legume nesărat
- 1 cutie (15 uncii) de fasole cannellini cu conținut scăzut de sodiu, scursă și clătită
- 1 cană baby spanac

- 2 linguri busuioc proaspăt tăiat fâșii
- ¼ cană nuci de pin prăjite
- otet balsamic invechit (optional)

Titluri:

Pentru a pregăti roșiile

Preîncălziți cuptorul la 400°F. Pune hartie de copt sau folie pe tava. Se pun roșiile, uleiul de măsline și sarea pe tava de copt și se fierb timp de 30 de minute.

acel farro

Aduceți apa, farro și sarea la fiert într-o cratiță sau o cratiță medie la foc mare. Aduceți la fiert și gătiți timp de 30 de minute sau până când farro este al dente. Descărcați și rezervați.

prepara ciuperci

Gatiti uleiul de masline intr-o tigaie mare sau prajiti la foc mediu-mic. Adăugați ceapa, sare și piper și prăjiți aproximativ 15 minute până se rumenește și începe să se caramelizeze. Adăugați ciupercile, măriți focul la mediu și gătiți aproximativ 10 minute până când lichidul s-a evaporat și ciupercile se rumenesc. Adăugați bulionul de legume și reduceți focul la mic, îndepărtați bucățile maro și reduceți lichidul timp de aproximativ 5 minute. Adăugați fasolea și încălziți aproximativ 3 minute.

Scoateți și adăugați spanacul, busuiocul, nucile de pin, roșiile prăjite și farro. Stropiți cu oțet balsamic dacă doriți.

Nutriție (la 100 de grame): 375 calorii 15 g grăsimi 10 g carbohidrați 14 g proteine 769 mg sodiu

Orzo prăjit cu vinete, micoză și mozzarella

Timp de preparare: 20 minute.

Ora mesei: 60 de minute

Porții: 4

Nivel de dificultate: mediu

Continut:

- 2 linguri ulei de masline extravirgin
- 1 vinete mare (1 kg), tocata
- 2 morcovi, curatati de coaja si taiati cubulete mici
- 2 tulpini de telina, taiate cubulete mici
- 1 ceapa rosie taiata cubulete mici
- ½ lingurita sare kosher
- 3 catei de usturoi tocati marunt
- ¼ de lingurita piper negru proaspat macinat
- 1 cană de orzo din cereale integrale
- 1 lingurita de piure de rosii fara sare adaugata
- 1½ cani de bulion de legume nesarat
- 1 cană de smog, tulpinile îndepărtate și tocate
- 2 linguri de cimbru proaspăt tocat
- coaja de 1 lamaie si
- 4 uncii de brânză mozzarella, tăiată în cuburi mici
- ¼ cană parmezan ras
- 2 roșii, feliate de o jumătate de inch grosime

Titluri:

Preîncălziți cuptorul la 400°F. Încinge uleiul de măsline într-o tigaie mare, rezistentă la cuptor, la foc mediu. Adăugați vinetele, morcovul, țelina, ceapa și sarea și căliți timp de 10 minute. Adăugați usturoiul și ardeiul și gătiți aproximativ 30 de secunde. Adăugați orzo și pasta de roșii și prăjiți timp de 1 minut. Adăugați supa de legume și răzuiți bucățile maro, scăzând focul în tigaie. Se adaugă mătgul, cimbrul și coaja de lămâie și se amestecă până când mătgul se topește.

Scoateți-l și puneți brânză mozzarella peste el. Se netezește partea superioară a amestecului de orzo până devine plat. Presărați parmezan deasupra. Întindeți roșiile peste parmezan într-un singur strat. Coaceți timp de 45 de minute.

Nutriție (la 100 de grame): 470 calorii 17 g grăsimi 7 g carbohidrați 18 g proteine 769 mg sodiu

Risotto de orz cu rosii

Timp de preparare: 20 minute.

Ora mesei: 45 de minute

Porții: 4

Nivel de dificultate: mediu

Continut:

- 2 linguri ulei de masline extravirgin
- 2 tulpini de telina, tocate
- ½ cană eșalotă, tocată
- 4 catei de usturoi, tocati
- 3 cesti supa de legume nesarata
- 1 conserve (14,5 uncii) de roșii nesărate tăiate cubulețe
- 1 conserve (14,5 uncii) de roșii nesărate, zdrobite
- 1 cană de orz perlat
- coaja de 1 lamaie si
- 1 lingurita sare kosher
- ½ lingurita boia afumata
- ¼ de linguriță fulgi de ardei roșu
- ¼ de lingurita piper negru proaspat macinat
- 4 crengute de cimbru
- 1 frunză de dafin uscată
- 2 cesti baby spanac
- ½ cană brânză feta mărunțită
- 1 lingura de cimbru proaspat tocat

- 1 lingura de seminte de fenicul prajite (optional)

Titluri:

Încinge uleiul de măsline într-o tigaie mare la foc mediu. Adăugați țelina și ceașota și căliți aproximativ 4-5 minute. Adăugați usturoiul și prăjiți timp de 30 de secunde. Adăugați sucul de legume, roșiile tăiate cubulețe, roșiile zdrobite, orzul, coaja de lămâie, sare, piper roșu, fulgi de ardei roșu, piper negru, cimbru și foile de dafin și amestecați bine. Se aduce la fierbere, apoi se reduce focul și se fierbe. Gatiti 40 de minute, amestecand din cand in cand.

Scoateți foile de dafin și cimbrul. Adăugați spanacul. Într-un castron mic, amestecați brânza feta, cimbru și semințele de fenicul. Risotto cu orz se servește în boluri acoperite cu un amestec de brânză feta.

Nutriție (la 100 de grame): 375 calorii 12 g grăsimi 13 g carbohidrați 11 g proteine 799 mg sodiu

Naut si varza cu sos pomodoro picant

Timp de preparare: 10 minute.

Ora mesei: 35 de minute

Porții: 4

Nivel de dificultate: Uşor

Continut:

- 2 linguri ulei de masline extravirgin
- 4 catei de usturoi, taiati felii
- 1 lingurita boia
- 1 conserve (28 uncii) de roșii nesărate, zdrobite
- 1 lingurita sare kosher
- ½ linguriță de miere
- 1 buchet de kale, tulpinile îndepărtate și tocate
- 2 cutii (15 uncii) de năut cu conținut scăzut de sodiu, scurs și clătit
- ¼ cană busuioc proaspăt tocat
- ¼ cană brânză Pecorino Romano rasă

Titluri:

Încinge uleiul de măsline într-o tigaie la foc mediu. Se adauga usturoiul si fulgii de ardei rosu si se calesc pana usturoiul se rumeneste usor, aproximativ 2 minute. Se adauga rosiile, sarea si mierea si se amesteca bine. Reduceți focul la mic și gătiți timp de 20 de minute.

Se adauga varza si se amesteca bine. Gatiti aproximativ 5 minute. Adăugați năutul și gătiți aproximativ 5 minute. Se ia de pe foc si se adauga busuiocul. Serviți cu o stropire de brânză pecorino deasupra.

Nutriție (la 100 de grame): 420 calorii 13 g grăsimi 12 g carbohidrați 20 g proteine 882 mg sodiu

Branza feta copta cu varza si iaurt de lamaie

Timp de preparare: 15 minute.

Ora mesei: 20 de minute

Porții: 4

Nivel de dificultate: mediu

Continut:

- 1 lingura ulei de masline extravirgin
- 1 cap de ceapa rosie
- ¼ linguriță sare kosher
- 1 lingurita turmeric macinat
- ½ linguriță de chimen măcinat
- ½ lingurita coriandru macinat
- ¼ de lingurita piper negru proaspat macinat
- 1 buchet de kale, tulpinile îndepărtate și tocate
- Blocuri de 7 uncii de brânză feta, tăiate în felii groase de ¼ inch
- ½ cană iaurt natural grecesc
- 1 lingura de suc de lamaie

Titluri:

Preîncălziți cuptorul la 400°F. Încinge uleiul de măsline într-o tigaie mare rezistentă la cuptor sau tigaie la foc mediu. Adăugați ceapa și sare; Se caleste aproximativ 5 minute pana se rumenesc usor. Adăugați turmeric, chimen, coriandru și piper negru; Gatiti timp de 30 de secunde. Se adauga varza si se caleste aproximativ 2 minute. Adăugați ½ cană de apă și continuați să gătiți varza timp de aproximativ 3 minute.

Se ia de pe foc si se aseaza feliile de branza feta deasupra amestecului de varza. Se da la cuptor si se coace 10-12 minute pana cand branza feta este moale. Amestecați iaurtul și sucul de lămâie într-un castron mic. Serviți sosul de varză și brânză feta cu iaurt de lămâie.

Nutriție (la 100 de grame):210 calorii 14 g grăsimi 2 g carbohidrați 11 g proteine 836 mg sodiu

Vinete prajite si naut cu sos de rosii

Timp de preparare: 15 minute.

Ora mesei: 60 de minute

Porții: 4

Nivel de dificultate: Greu

Continut:

- spray cu ulei de măsline pentru gătit
- 1 vinete mare (aproximativ 1 kilogram), feliată în felii de ¼ inch grosime
- 1 lingurita sare kosher, impartita
- 1 lingura ulei de masline extravirgin
- 3 catei de usturoi tocati marunt
- 1 conserve (28 uncii) de roșii nesărate, zdrobite
- ½ linguriță de miere
- ¼ de lingurita piper negru proaspat macinat
- 2 linguri busuioc proaspăt tocat
- 1 conserve (15 uncii) de năut nesărat sau cu conținut scăzut de sodiu, scurs și clătit
- ¾ cană brânză feta mărunțită
- 1 lingura de cimbru proaspat tocat

Titluri:

Preîncălziți cuptorul la 425°F. Ungeți și tapetați două foi de copt cu folie și stropiți ușor ulei de măsline. Întindeți vinetele într-un singur strat și stropiți cu ½ linguriță de sare. Coaceți 20 de minute, întorcându-le din când în când, până se rumenesc ușor.

Între timp, încălziți uleiul de măsline într-o tigaie mare la foc mediu. Adăugați usturoiul și prăjiți timp de 30 de secunde. Adăugați roșiile zdrobite, mierea, jumătate de linguriță de sare și piper. Gatiti aproximativ 20 de minute, pana cand sosul se inmoaie si se ingroasa putin. Adăugați busuiocul.

După ce scoateți vinetele din cuptor, reduceți temperatura cuptorului la 375°F. Turnați năutul și 1 cană de sos într-o tavă mare dreptunghiulară sau ovală. Aranjați feliile de vinete deasupra năutului după cum este necesar. Se toarnă restul de sos peste vinete. Se presară cu brânză feta și cimbru.

Acoperiți tava cu folie de aluminiu și coaceți 15 minute. Scoateți folia și coaceți încă 15 minute.

Nutriție (la 100 de grame): 320 calorii 11 g grăsimi 12 g carbohidrați 14 g proteine 773 mg sodiu

Glisoare de falafel prăjite

Timp de preparare: 10 minute.

Ora mesei: 30 minute

Porții: 6

Nivel de dificultate: mediu

Continut:

- spray cu ulei de măsline pentru gătit
- 1 conserve (15 uncii) de năut cu conținut scăzut de sodiu, scurs și clătit
- 1 ceapa tocata marunt
- 2 catei de usturoi, curatati de coaja
- 2 linguri patrunjel proaspat tocat
- 2 linguri de faina integrala de grau
- ½ lingurita coriandru macinat
- ½ linguriță de chimen măcinat
- ½ linguriță de praf de copt
- ½ lingurita sare kosher
- ¼ de lingurita piper negru proaspat macinat

Titluri:

Preîncălziți cuptorul la 350°F. Acoperiți foaia de copt cu hârtie de copt sau folie și stropiți ușor ulei de măsline.

Amestecați năut, ceapa, usturoi, pătrunjel, făină, coriandru, chimen, praf de copt, sare și piper într-un robot de bucătărie. Se amestecă până la omogenizare.

Faceți 6 glisoare, puneți ¼ de cană de aluat în fiecare și așezați-l pe foaia de copt pregătită. Coaceți timp de 30 de minute. A se alatura.

Nutriție (la 100 de grame): 90 calorii 1 g grăsime 3 g carbohidrați 4 g proteine 803 mg sodiu

Portobello Caprese

Timp de preparare: 15 minute.

Ora mesei: 30 minute

Porții: 2

Nivel de dificultate: Greu

Continut:

- 1 lingura de ulei de masline
- 1 cană de roșii cherry
- Sare si piper dupa gust
- 4 frunze mari de busuioc proaspăt, tăiate subțiri și împărțite
- 3 catei de usturoi medii, tocati
- 2 ciuperci portobello mari, tulpinile îndepărtate
- 4 mini bile de mozzarella
- 1 lingura parmezan ras

Titluri:

Preîncălziți cuptorul la 180°C (350°F). Ungeți o tavă de copt cu ulei de măsline. Stropiți 1 lingură de ulei de măsline într-o tigaie antiaderentă și încălziți la foc mediu-mare. Adăugați roșiile în tigaie și asezonați cu sare și piper. Faceți câteva găuri în roșii pentru a absorbi sucul în timpul gătirii. Acoperiți roșiile și gătiți timp de 10 minute sau până când se înmoaie.

Rezervați 2 lingurițe de busuioc și adăugați în tigaie restul de busuioc și usturoi. Piure roșiile cu o spatulă, apoi fierbe timp de jumătate de minut. Amestecați constant în timp ce gătiți. O lași deoparte, o ignori. Pune ciupercile în tigaie, acoperă și asezonează cu sare și piper după gust.

Peste branhiile ciupercilor se toarnă amestecul de roșii și bile de mozzarella, apoi se stropesc cu parmezan pentru a le îmbrăca bine. Gatiti pana cand ciupercile sunt fragede si branzeturile sunt maro auriu. Scoatem ciupercile umplute din cuptor si servim cu busuioc deasupra.

Nutriție (la 100 de grame): 285 calorii 21,8 g grăsimi 2,1 g carbohidrați 14,3 g proteine 823 mg sodiu

Roșii umplute cu ciuperci și brânză

Timp de preparare: 15 minute.

Ora mesei: 20 de minute

Porții: 4

Nivel de dificultate: mediu

Continut:

- 4 roșii mari coapte
- 1 lingura de ulei de masline
- ½ liră (454 g) ciuperci albe sau cremini, feliate
- 1 lingura busuioc proaspat tocat
- ½ cană ceapă galbenă, tocată
- 1 lingura de cimbru proaspat tocat
- 2 catei de usturoi, tocati marunt
- ½ linguriță de sare
- ¼ de lingurita piper negru proaspat macinat
- 1 cană de brânză mozzarella cu conținut scăzut de grăsimi, rasă
- 1 lingura parmezan ras

Titluri:

Preîncălziți cuptorul la 190°C (375°F). Tăiați o felie de ½ inch din vârful fiecărei roșii. Puneți pulpa într-un bol și lăsați înăuntru ½ inch de coajă de roșii. Aranjați roșiile pe o tavă tapetată cu folie de aluminiu. Încinge uleiul de măsline într-o tigaie antiaderentă la foc mediu.

Adauga in tigaie ciupercile, busuiocul, ceapa, cimbru, usturoiul, sare si piper si se caleste timp de 5 minute.

Se toarnă amestecul în vasul cu pastă de roşii, apoi se adaugă brânza mozzarella şi se amestecă bine. Turnaţi amestecul în fiecare coajă de roşii, apoi acoperiţi cu un strat de parmezan. Coaceţi în cuptorul preîncălzit timp de 15 minute sau până când brânza este fragedă şi roşiile sunt fragede. Serviţi roşiile umplute din cuptor fierbinţi.

Nutriţie (la 100 de grame): 254 calorii 14,7 g grăsimi 5,2 g carbohidraţi 17,5 g proteine 783 mg sodiu

grupează-te

Timp de preparare: 15 minute.

Ora mesei: 5 minute

Porții: 6

Nivel de dificultate: mediu

Continut:

- 4 linguri ulei de măsline, împărțit
- 4 cani de conopida cu orez
- 3 catei de usturoi tocati marunt
- Sare si piper dupa gust
- ½ castravete mare, curatat de coaja, fara miez si tocat
- ½ cană pătrunjel italian tocat
- suc de 1 lămâie
- 2 linguri ceapa rosie tocata
- ½ cana frunze de menta tocate
- ½ cană măsline Kalamata fără sâmburi, tocate
- 1 cană de roșii cherry, tăiate în patru
- 2 cesti frunze de rucola sau spanac
- 2 avocado medii, decojite, fără sâmburi și tocate

Titluri:

Încinge 2 linguri de ulei de măsline într-o tigaie antiaderentă la foc mediu-mare. Adăugați orezul cu conopidă, usturoiul, sare și piper în tigaie și căliți timp de 3 minute până se parfumează. Transferați-le într-un castron mare.

Adăugați în bol castravetele, pătrunjelul, sucul de lămâie, ceapa roșie, menta, măslinele și uleiul de măsline rămas. Se amestecă pentru a se combina bine. Pune vasul la frigider pentru cel puțin 30 de minute.

Scoateți vasul din frigider. Adăugați roșiile cherry, rucola și avocado în bol. Se condimentează bine și se amestecă bine. Se serveste rece.

Nutriție (la 100 de grame): 198 calorii 17,5 g grăsimi 6,2 g carbohidrați 4,2 g proteine 773 mg sodiu

Broccoli picant și inimioare de anghinare

Timp de preparare: 5 minute.

Ora mesei: 15 minute

Porții: 4

Nivel de dificultate: mediu

Continut:

- 3 linguri ulei de măsline, împărțit
- 2 lire (907 g) broccoli rabe proaspăt
- 3 catei de usturoi tocati marunt
- 1 lingurita boia
- 1 lingurita sare, plus mai mult dupa gust
- 13,5 uncii (383 g) inimioare de anghinare
- 1 lingura de apa
- 2 linguri de otet de vin rosu
- piper negru proaspăt măcinat, după gust

Titluri:

Încinge 2 linguri de ulei de măsline într-o tigaie antiaderentă la foc mediu-mare. Adăugați broccoli, usturoiul, fulgii de chili și sare în tigaie și căliți timp de 5 minute sau până când broccoli este fraged.

Adăugați inimioarele de anghinare în tigaie și gătiți încă 2 minute sau până când se înmoaie. Adăugați apă în tigaie și reduceți focul la mic. Acoperiți și gătiți la foc mic timp de 5 minute. Între timp, amestecați oțetul și 1 lingură de ulei de măsline într-un castron.

Stropiți broccoli și anghinarea fierte încet cu oțet gras și stropiți cu sare și piper. Se amestecă bine înainte de servire.

Nutriție (la 100 de grame): 272 calorii 21,5 g grăsimi 9,8 g carbohidrați 11,2 g proteine 736 mg sodiu

Shakshuka

Timp de preparare: 10 minute.

Ora mesei: 25 de minute

Porții: 4

Nivel de dificultate: Greu

Continut:

- 5 linguri ulei de măsline, împărțit
- 1 ardei gras rosu, tocat
- ½ ceapa galbena mica, tocata marunt
- 14 uncii (397 g) roșii zdrobite, cu suc
- 6 oz (170 g) spanac congelat, dezghețat și scurs de excesul de lichid
- 1 lingurita boia afumata
- 2 catei de usturoi tocati marunt
- 2 lingurițe de fulgi de ardei roșu
- 1 lingura capere, tocate
- 1 lingura de apa
- 6 ouă mari
- ¼ de lingurita piper negru proaspat macinat
- ¾ cană feta sau brânză de capră, mărunțită
- ¼ cană pătrunjel plat proaspăt tocat sau coriandru

Titluri:

Pregătiți cuptorul la 150 C. Încinge 2 linguri de ulei de măsline într-o tigaie la foc mediu-înalt. Căleți ardeiul gras și ceapa într-o tigaie până când ceapa devine translucidă și ardeiul este fraged.

Adaugati rosiile si sucurile lor, spanacul, ardeiul gras, usturoiul, fulgii de chili, caperele, apa si 2 linguri de ulei de masline in tigaie. Se amestecă bine și se aduce la fierbere. Reduceți focul la mic, apoi acoperiți și gătiți timp de 5 minute.

Bateți ouăle cu sosul, lăsați puțin spațiu între fiecare ou, lăsați oul intact și stropiți cu piper negru proaspăt măcinat. Gatiti pana cand ouale sunt gata.

Ungeți brânza cu ou și sos și coaceți în cuptorul preîncălzit timp de 5 minute până când brânza devine spumoasă și aurie. Înainte de a servi fierbinte, stropiți cu 1 lingură de ulei de măsline rămasă și stropiți cu pătrunjel.

Nutriție (la 100 de grame): 335 calorii 26,5 g grăsimi 5 g carbohidrați 16,8 g proteine 736 mg sodiu

spanakopita

Timp de preparare: 15 minute.

Ora mesei: 50 de minute

Porții: 6

Nivel de dificultate: Greu

Conținut:

- 6 linguri ulei de măsline, împărțit
- 1 ceapa galbena mica, tocata
- 4 cesti de spanac tocat congelat
- 4 catei de usturoi, tocati
- ½ linguriță de sare
- ½ linguriță piper negru proaspăt măcinat
- 4 ouă mari, bătute
- 1 cană de brânză ricotta
- ¾ cană brânză feta, mărunțită
- ¼ cană nuci de pin

Titluri:

Ungeți tava de copt cu 2 linguri de ulei de măsline. Setați cuptorul la 375 de grade F. Încinge 2 linguri de ulei de măsline într-o tigaie antiaderentă la foc mediu-mare. Se pune ceapa într-o tigaie și se călește timp de 6 minute sau până când devine translucidă și moale.

Adăugați spanacul, usturoiul, sare și piper în tigaie și mai soțiți încă 5 minute. Puneți-le într-un bol și lăsați-le deoparte. Se amestecă omletă și brânza ricotta într-un castron separat, apoi se toarnă în amestecul de spanac. Se amestecă bine.

Turnați amestecul în tigaie și înclinați tigaia astfel încât amestecul să acopere uniform fundul. Gatiti pana incepe sa se intareasca. Scoateți foaia de copt din cuptor și întindeți pe ea brânza feta și nucile de pin, apoi stropiți cu restul de 2 linguri de ulei de măsline.

Puneți tava la cuptor și coaceți încă 15 minute sau până când blatul devine maro auriu. Scoateți tava din cuptor. Lăsați spanakopita să se răcească câteva minute și feliați înainte de servire.

Nutriție (la 100 de grame): 340 calorii 27,3 g grăsimi 10,1 g carbohidrați 18,2 g proteine 781 mg sodiu

tagine

Timp de preparare: 20 minute.

Ora mesei: 60 de minute

Porții: 6

Nivel de dificultate: mediu

Continut:

- ½ cană de ulei de măsline
- 6 tulpini de țelină tăiate în semilune de ¼ inch
- 2 cepe galbene medii, feliate
- 1 lingurita chimen macinat
- ½ lingurita de scortisoara macinata
- 1 lingurita pudra de ghimbir
- 6 catei de usturoi tocati
- ½ linguriță de boia
- 1 lingurita de sare
- ¼ de lingurita piper negru proaspat macinat
- 2 căni de bulion de legume cu conținut scăzut de sodiu
- 2 dovlecei medii, tăiați la jumătate de ½ inch grosime
- 2 cani de conopida, impartite in buchete
- 1 vinete medie, tăiată în cuburi de 1 inch
- 1 cană măsline verzi, tăiate la jumătate și fără sâmburi
- 383 g inimioare de anghinare, scurse și tăiate în sferturi
- ½ cană frunze proaspete de coriandru, tocate, pentru ornat
- ½ cană iaurt natural grecesc pentru decor

- ½ cană pătrunjel proaspăt tocat pentru decor

Titluri:

Încinge uleiul de măsline într-o tigaie la foc mediu. Adăugați țelina și ceapa în oală și căleți timp de 6 minute. Adăugați în oală chimenul, scorțișoara, ghimbirul, usturoiul, boia de ardei, sare și piper și gătiți încă 2 minute până când aroma se eliberează.

Se toarnă bulionul de legume în cratiță și se aduce la fierbere. Opriți aragazul și puneți dovleceii, conopida și vinetele pe blat. Acoperiți și fierbeți timp de 30 de minute sau până când legumele sunt fragede. Apoi măslinele și inimile de anghinare se adaugă în piscină și se fierb încă 15 minute. Turnați-le într-un castron mare sau tagine și serviți cu coriandru, iaurt grecesc și pătrunjel.

Nutriție (la 100 de grame): 312 calorii 21,2 g grăsimi 9,2 g carbohidrați 6,1 g proteine 813 mg sodiu

Citrice Arahide și Sparanghel

Timp de preparare: 10 minute.

Ora mesei: 10 minute

Porții: 4

Nivel de dificultate: Greu

Continut:

- Coaja și suc a 2 mandarine sau 1 portocală
- Coaja și sucul de la 1 lămâie
- 1 lingura de otet de vin rosu
- 3 linguri ulei de măsline extravirgin, împărțit
- 1 lingurita sare, impartita
- ¼ de lingurita piper negru proaspat macinat
- ½ cană alune decojite
- 454 g de sparanghel proaspăt, tocat
- 1 lingura de apa

Titluri:

Amestecați clementina și coaja și sucul de lămâie, oțetul, 2 linguri de ulei de măsline, ½ linguriță de sare și piper. Se amestecă bine. O lași deoparte, o ignori.

Prăjiți fisticul într-o tigaie antiaderentă la foc mediu-înalt timp de 2 minute sau până când devin maro auriu. Transferați fisticul prăjit pe o suprafață de lucru curată și tăiați-l în cuburi mari.

Amestecați fisticul cu amestecul de citrice. O lași deoparte, o ignori.

Încinge uleiul de măsline rămas într-o tigaie antiaderentă la foc mediu-mare. Adăugați sparanghelul în tigaie și prăjiți timp de 2 minute, apoi adăugați sarea rămasă. Adăugați apa în tigaie. Reduceți căldura la minim și acoperiți. Gatiti 4 minute pana sparanghelul este fraged.

Scoateți sparanghelul din tigaie pe o farfurie mare. Turnați amestecul de citrice și nuci peste sparanghel. Acoperiți bine înainte de servire.

Nutriție (la 100 de grame): 211 calorii 17,5 g grăsimi 3,8 g carbohidrați 5,9 g proteine 901 mg sodiu

Vinete umplute cu rosii si patrunjel

Timp de preparare: 15 minute.

Ora mesei: 2 ore 10 minute

Porții: 6

Nivel de dificultate: mediu

Continut:

- ¼ cană de ulei de măsline extravirgin
- 3 vinete mici, tăiate în jumătate pe lungime
- 1 lingurita sare de mare
- ½ linguriță piper negru proaspăt măcinat
- 1 ceapa galbena mare, tocata marunt
- 4 catei de usturoi, tocati
- 15 uncii (425 g) roșii tăiate cubulețe cu suc
- ¼ cana patrunjel plat proaspat, tocat marunt

Titluri:

Puneți inserția în aragazul lent cu 2 linguri de ulei de măsline. Tăiați mai multe fante pe partea tăiată a jumătăților de vinete, lăsând un spațiu de ¼ inch între fiecare fante. Puneți jumătățile de vinete cu pielea în jos în aragazul lent. Se presară cu sare și piper.

Încinge uleiul de măsline rămas într-o tigaie antiaderentă la foc mediu-mare. Adăugați ceapa și usturoiul în tigaie și gătiți timp de 3 minute sau până când ceapa este translucidă.

Se adauga patrunjelul si rosiile cu sucul lor in tigaie si se presara cu sare si piper. Gatiti inca 5 minute sau pana se inmoaie. Împărțiți amestecul în tigaie peste jumătățile de vinete și puneți-l cu lingura.

Acoperiți aragazul lent și gătiți la foc mare timp de 2 ore, până când vinetele sunt fragede. Transferați vinetele pe o farfurie și lăsați-o să se răcească câteva minute înainte de servire.

Nutriție (la 100 de grame): 455 calorii 13 g grăsimi 14 g carbohidrați 14 g proteine 719 mg sodiu

ratatouille

Timp de preparare: 15 minute.

Timp de preparare: 7 ore.

Porții: 6

Nivel de dificultate: mediu

Continut:

- 3 linguri ulei de masline extravirgin
- 1 vinete mare, nedecojită și tăiată felii
- 2 cepe mari, feliate
- 4 dovlecei mici, feliați
- 2 ardei verzi
- 6 roșii mari, tăiate în felii de jumătate de inch
- 2 linguri patrunjel plat proaspat, tocat marunt
- 1 lingurita busuioc uscat
- 2 catei de usturoi, tocati marunt
- 2 lingurițe de sare de mare
- ¼ de lingurita piper negru proaspat macinat

Titlu:

Umpleți inserția slow cooker cu 2 linguri de ulei de măsline. Așezați alternativ legumele feliate, tăiate cubulețe și feliate în insertul de aragaz lent. Ungeti legumele cu patrunjel si asezonati cu busuioc, usturoi, sare si piper. Stropiți cu uleiul de măsline rămas. Acoperiți și gătiți la LOW timp de 7 ore până când legumele sunt fragede. Se pun legumele pe o farfurie si se servesc fierbinti.

Nutriție (la 100 de grame): 265 calorii 1,7 g grăsimi 13,7 g carbohidrați 8,3 g proteine 800 mg sodiu

marinar

Timp de preparare: 15 minute.

Timp de preparare: 4 ore.

Porții: 4

Nivel de dificultate: mediu

Continut:

- 2 linguri ulei de masline extravirgin
- 4 ardei grasi mari, de orice culoare
- ½ cană cușcuș crud
- 1 lingurita de cimbru
- 1 catel de usturoi tocat
- 1 cană brânză feta mărunțită
- 1 conserve (15 uncii/425 g) fasole cannellini, clătită și scursă
- Piper si sare dupa gust
- 1 felie de lamaie
- 4 cepe verzi, părți albe și verzi separate, feliate subțiri

Titlu:

Tăiați o felie de ½ inch din partea de sus a ardeiului gras din partea de jos a tulpinii. Doar aruncați tulpina, tăiați partea superioară de pe tulpină și puneți-o într-un castron. Scoateți ardeiul gras cu o lingură. Ungeți aragazul lent cu ulei.

Adăugați celelalte ingrediente, cu excepția părții verzi de ceapă verde și a feliilor de lămâie la ardeiul gras tocat. Se amestecă bine.

Turnați amestecul în ardeiul scobit și puneți ardeii umpluți în slow cooker, apoi stropiți cu puțin ulei de măsline.

Acoperiți aragazul lent și gătiți la foc mare timp de 4 ore sau până când ardeii sunt fragezi.

Scoateți ardeii din aragazul lent și serviți pe o farfurie. Înainte de servire, presară părțile verzi ale ceaiului și stoarceți rondelele de lămâie peste el.

Nutriție (la 100 de grame): 246 calorii 9 g grăsimi 6,5 g carbohidrați 11,1 g proteine 698 mg sodiu

Rulouri de varză

Timp de preparare: 15 minute.

Timp de preparare: 2 ore.

Porții: 4

Nivel de dificultate: Greu

Continut:

- 4 linguri ulei de măsline, împărțit
- 1 varză verde mare, fără miez
- 1 ceapa galbena mare, tocata marunt
- 3 oz (85 g) brânză feta, mărunțită
- ½ cană de stafide
- 3 căni de orz perlat fiert
- 2 linguri patrunjel plat proaspat, tocat marunt
- 2 linguri nuci de pin prajite
- ½ linguriță sare de mare
- ½ linguriță de piper negru
- 15 uncii (425 g) roșii zdrobite, cu suc
- 1 lingura de otet de mere
- ½ cană suc de mere

Titluri:

Ungeți inserția slow cooker cu 2 linguri de ulei de măsline. Fierbeți varza în apă timp de 8 minute într-o cratiță. Scoateți din apă și lăsați deoparte, apoi separați 16 frunze de varză. O lași deoparte, o ignori.

Se toarnă uleiul de măsline rămas într-o tigaie antiaderentă și se încălzește la foc mediu. Adăugați ceapa în tigaie și gătiți până ce ceapa și ardeiul gras se înmoaie. Transferați ceapa într-un bol.

Adăugați feta, coacăzele, orzul, pătrunjelul și nucile de pin în castronul de ceapă fiartă, apoi stropiți cu ¼ de linguriță de sare și ¼ de linguriță de piper negru.

Așezați frunzele de varză pe o suprafață de lucru curată. Pune 1/3 cană din amestec în centrul fiecărei farfurii, apoi pliază și rulează marginea amestecului. Puneți rulourile de varză cu cusătura în jos în aragazul lent.

Combinați ingredientele rămase într-un castron separat și turnați amestecul peste sarmale. Acoperiți aragazul lent și gătiți la foc mare timp de 2 ore. Scoateți rulourile de varză din aragazul lent și serviți fierbinți.

Nutriție (la 100 de grame): 383 calorii 14,7 g grăsimi 12,9 g carbohidrați 10,7 g proteine 838 mg sodiu

Varza de Bruxelles cu glazura balsamica

Timp de preparare: 15 minute.

Timp de preparare: 2 ore.

Porții: 6

Nivel de dificultate: mediu

Continut:

- glazura balsamica:
- 1 cană de oțet balsamic
- ¼ cană de miere
- 2 linguri ulei de masline extravirgin
- 2 lire (907 g) varză de Bruxelles, tăiată și tăiată la jumătate
- 2 căni de bulion de legume cu conținut scăzut de sodiu
- 1 lingurita sare de mare
- piper negru proaspăt măcinat, după gust
- ¼ cană parmezan ras
- ¼ cană nuci de pin

Titluri:

Pregătiți oțet balsamic: Amestecați oțetul balsamic și mierea într-o cratiță. Se amestecă bine. Se fierbe la foc mediu-mare. Reduceți focul la mic și fierbeți timp de 20 de minute sau până când glazura s-a redus la jumătate și s-a îngroșat. Se toarnă puțin ulei de măsline în orificiul de intrare a aragazului lent.

Puneți varza de Bruxelles, bulionul de legume și ½ linguriță de sare într-un aragaz lent, amestecați. Acoperiți aragazul lent și gătiți la foc mare timp de 2 ore, până când varza de Bruxelles sunt fragede.

Asezati varza de Bruxelles pe o farfurie si presarati cu sare si piper ramase ca condiment. Ungeți varza de Bruxelles cu glazură balsamică, apoi serviți cu parmezan și nuci de pin.

Nutriție (la 100 de grame): 270 calorii 10,6 g grăsimi 6,9 g carbohidrați 8,7 g proteine 693 mg sodiu

Salata de spanac cu sos de citrice

Timp de preparare: 10 minute.

Ora mesei: 0 minute

Porții: 4

Nivel de dificultate: Ușor

Continut:

- Sos de citrice:
- ¼ cană de ulei de măsline extravirgin
- 3 linguri de otet balsamic
- ½ linguriță de coajă proaspătă de lămâie
- ½ linguriță de sare
- Salată:
- 454 g de spanac pentru copii, spălate și îndepărtate tulpinile
- 1 roșie mare coaptă, tăiată în bucăți de ¼ inch
- 1 ceapă roșie medie, feliată subțire

Titluri:

Faceți o vinegretă cu citrice: amestecați uleiul de măsline, oțetul balsamic, coaja de lămâie și sare într-un castron până se amestecă bine.

Pregătiți salata: Luați puiul de spanac, roșiile și ceapa într-un castron separat de salată. Se amestecă salata cu dressingul de citrice și se amestecă ușor până când legumele sunt bine acoperite.

Nutriție (la 100 de grame): 173 calorii 14,2 g grăsimi 4,2 g carbohidrați 4,1 g proteine 699 mg sodiu

Salată simplă de țelină și portocale

Timp de preparare: 15 minute.

Ora mesei: 0 minute

Porții: 6

Nivel de dificultate: Ușor

Continut:

- Salată:
- 3 tulpini de țelină, inclusiv frunzele, tăiate în cruce în felii de ½ inch
- ½ cană de măsline verzi
- ¼ cană ceapă roșie feliată
- 2 portocale mari, curatate de coaja si feliate
- Bandaj:
- 1 lingura ulei de masline extravirgin
- 1 lingura suc de lamaie sau portocale
- 1 lingura de masline murate
- ¼ linguriță de sare de mare sau cușer
- ¼ de lingurita piper negru proaspat macinat

Titluri:

Prepararea salatei: Intr-un castron adanc se pune tulpina de telina, maslinele verzi, ceapa si portocala. Se amestecă bine și se lasă să stea.

Prepararea sosului: Amesteca bine uleiul de masline, zeama de lamaie, uleiul de masline, sare si piper.

Se toarnă dressingul în castronul de salată și se amestecă ușor până când este complet acoperit.

Se serveste rece sau la temperatura camerei.

Nutriție (la 100 de grame): 24 calorii 1,2 g grăsimi 1,2 g carbohidrați 1,1 g proteine 813 mg sodiu

rulada de vinete prajite

Timp de preparare: 20 minute.

Ora mesei: 10 minute

Porții: 6

Nivel de dificultate: mediu

Continut:

- 2 vinete mari
- 1 lingurita de sare
- 1 cană de brânză ricotta rasă
- 4 uncii (113 g) brânză de capră, rasă
- ¼ cană busuioc proaspăt tocat mărunt
- ½ linguriță piper negru proaspăt măcinat
- spray cu ulei de măsline

Titluri:

Puneți feliile de vinete într-o strecurătoare și sare. Lăsați-l timp de 15-20 de minute.

Combinați ricotta și brânza de capră, busuiocul și ardeiul într-un castron mare și amestecați pentru a se combina. O lași deoparte, o ignori. Uscați feliile de vinete cu prosoape de hârtie și stropiți ușor cu ulei de măsline.

Încinge o tigaie mare la foc mediu și pulverizează ușor ulei de măsline. Puneți feliile de vinete în tigaie și prăjiți pe ambele părți timp de 3 minute până devin aurii.

Se scoate de pe aragaz si se aseaza pe o farfurie tapetata cu un prosop de hartie si se lasa sa se odihneasca 5 minute. Faceți rulourile de vinete: Puneți feliile de vinete pe o suprafață de lucru plană și puneți deasupra fiecărei felii o lingură din amestecul de brânză preparat. Asamblați și serviți imediat.

Nutriție (la 100 de grame): 254 calorii 14,9 g grăsimi 7,1 g carbohidrați 15,3 g proteine 612 mg sodiu

Legume la grătar și bol de orez brun

Timp de preparare: 15 minute.

Ora mesei: 20 de minute

Porții: 4

Nivel de dificultate: mediu

Continut:

- 2 cesti buchetele de conopida
- 2 cesti buchetele de broccoli
- 1 conserve (15 oz / 425 g) năut
- 1 cană felii de morcov (aproximativ 1 inch grosime)
- 2-3 linguri ulei de măsline extravirgin, împărțit
- Sare si piper dupa gust
- Ulei spray antiaderent
- 2 căni de orez brun fiert
- 3 linguri de susan
- <u>Bandaj:</u>
- 3-4 linguri de tahini
- 2 linguri de miere
- suc de 1 lămâie
- 1 catel de usturoi tocat
- Sare si piper dupa gust

Titluri:

Pregătiți cuptorul la 205 C. Pulverizați două foi de copt cu spray de gătit antiadeziv.

Pe prima tavă se așează conopida și broccoli, iar pe a doua tavă năutul și feliile de morcov.

Stropiți fiecare frunză cu jumătate de ulei de măsline și stropiți cu sare și piper. Se amestecă pentru a acoperi bine.

Prăjiți năutul și feliile de morcov în cuptorul preîncălzit timp de 10 minute, așteptați 20 de minute până când morcovii devin crocanți, iar conopida și broccoli se înmoaie. Amestecați-le o dată la jumătatea timpului de gătire.

Între timp, pregătiți sosul: Într-un castron mic, amestecați tahina, mierea, zeama de lămâie, usturoiul, sare și piper.

Împărțiți orezul brun fiert în patru boluri. Întindeți fiecare bol uniform cu legumele prăjite și sosul. Inainte de servire, presara deasupra seminte de susan pentru a decora.

Nutriție (la 100 de grame): 453 calorii 17,8 g grăsimi 11,2 g carbohidrați 12,1 g proteine 793 mg sodiu

Conopida cu morcovi tocati

Timp de preparare: 10 minute.

Ora mesei: 10 minute

Porții: 4

Nivel de dificultate: Ușor

Continut:

- 3 linguri ulei de masline extravirgin
- 1 ceapa mare tocata marunt
- 1 lingura de usturoi tocat
- 2 cani de morcovi tocati
- 4 cesti buchetele de conopida
- ½ linguriță de chimen măcinat
- 1 lingurita de sare

Titluri:

Încinge uleiul de măsline la foc mediu. Se amestecă ceapa și usturoiul și se prăjesc timp de 1 minut. Adăugați morcovii și prăjiți timp de 3 minute. Adăugați buchețelele de conopidă, chimenul și sarea și amestecați pentru a se combina.

Acoperiți și gătiți timp de 3 minute până se rumenesc ușor. Se amestecă bine și se fierbe sub capac timp de 3-4 minute până când se înmoaie. Se ia de pe foc si se serveste fierbinte.

Nutriție (la 100 de grame): 158 calorii 10,8 g grăsimi 5,1 g carbohidrați 3,1 g proteine 813 mg sodiu

Cuburi de dovlecel cu usturoi și mentă

Timp de preparare: 5 minute.

Ora mesei: 10 minute

Porții: 4

Nivel de dificultate: Ușor

Continut:

- 3 dovlecei verzi mari
- 3 linguri ulei de masline extravirgin
- 1 ceapa mare tocata marunt
- 3 catei de usturoi tocati marunt
- 1 lingurita de sare
- 1 lingurita menta uscata

Titluri:

Încinge uleiul de măsline într-o tigaie mare la foc mediu.

Adăugați ceapa și usturoiul și căleți 3 minute, amestecând constant, sau până se înmoaie.

Adăugați cuburi de dovlecel și sare și gătiți timp de 5 minute sau până când dovleceii sunt aurii și fragezi.

Adăugați menta în tigaie, amestecați și gătiți încă 2 minute. Se serveste fierbinte.

Nutriție (la 100 de grame): 146 calorii 10,6 g grăsimi 3 g carbohidrați 4,2 g proteine 789 mg sodiu

Preparat de dovlecei și anghinare cu Faro

Timp de preparare: 15 minute.

Ora mesei: 10 minute

Porții: 6

Nivel de dificultate: Ușor

Continut:

- 1/3 cană ulei de măsline extravirgin
- 1/3 cana ceapa rosie tocata
- ½ cană ardei gras roșu tocat
- 2 catei de usturoi, tocati marunt
- 1 cană de dovlecel, feliat de ½ inch gros
- ½ ceasca de anghinare tocata grosier
- ½ cană de năut conservat, scurs și clătit
- 3 cani de faro fierte
- Sare si piper dupa gust
- ½ cană brânză feta mărunțită pentru servire (opțional)
- ¼ cană măsline feliate pentru servire (opțional)
- 2 linguri busuioc proaspăt, șifon, de servit (opțional)
- 3 linguri de otet balsamic pentru servire (optional)

Titluri:

Într-o tigaie mare, încălziți uleiul de măsline la foc mediu până când strălucește. Adăugați ceapa, ardeiul gras și usturoiul și gătiți timp de 5 minute, amestecând din când în când, până se înmoaie.

Adăugați feliile de dovlecel, anghinarea și năutul și gătiți aproximativ 5 minute, până se înmoaie ușor. Adăugați faroul fiert și amestecați până se încălzește. Se presară cu sare și piper.

Împărțiți amestecul în boluri. Întindeți fiecare bol uniform cu brânză feta, măsline feliate și busuioc și stropiți cu oțet balsamic dacă este necesar.

Nutriție (la 100 de grame): 366 calorii 19,9 g grăsimi 9 g carbohidrați 9,3 g proteine 819 mg sodiu

5 ingrediente pentru plăcinta cu dovleac

Timp de preparare: 15 minute.

Ora mesei: 5 minute

Porții: 14

Nivel de dificultate: mediu

Continut:

- 4 cani de dovlecel ras
- Sarat la gust
- 2 oua mari, batute usor
- 1/3 cană ceapă primăvară feliată
- 2/3 făină universală
- 1/8 lingurita piper negru
- 2 linguri de ulei de măsline

Titluri:

Puneți dovlecelul ras într-o strecurătoare și sare puțin. Așteptați 10 minute. Absorbiți cât mai mult lichid din dovlecelul ras.

Turnați dovlecelul ras într-un bol. Adăugați ouăle omletă, ceapa primăvară, făina, sare și piper și amestecați bine.

Încinge uleiul de măsline într-o tigaie mare la foc mediu.

Pentru a face fiecare fritură, adăugați 3 linguri de amestec de dovlecei în tigaia fierbinte, lingurind ușor și la aproximativ 2 centimetri unul de celălalt.

Gatiti 2-3 minute. Întoarceți dovleceii prăjiți și gătiți încă 2 minute sau până când devin aurii și sunt complet fierți.

Se ia de pe foc pe o farfurie tapetata cu prosop de hartie. Repetați cu amestecul de dovlecel rămas. Se serveste fierbinte.

Nutriție (la 100 de grame): 113 calorii 6,1 g grăsimi 9 g carbohidrați 4 g proteine 793 mg sodiu

Tagine marocană cu legume

Timp de preparare: 20 minute.

Ora mesei: 40 de minute

Porții: 2

Nivel de dificultate: mediu

Continut:

- 2 linguri de ulei de măsline
- ½ ceapă, tocată
- 1 catel de usturoi tocat
- 2 cesti buchetele de conopida
- 1 morcov mediu, tăiat în bucăți de 1 inch
- 1 cana vinete tocate
- 1 cutie de suc de roșii întreg
- 1 conserve (15 oz / 425 g) năut
- 2 cartofi roșii mici
- 1 pahar de apă
- 1 lingurita sirop de artar pur
- ½ lingurita de scortisoara
- ½ linguriță de turmeric
- 1 lingurita chimen
- ½ linguriță de sare
- 1-2 lingurițe de pastă de harissa

Titluri:

Încinge uleiul de măsline într-o tigaie la foc mediu-înalt. Se caleste ceapa timp de 5 minute, amestecand din cand in cand sau pana cand ceapa devine translucida.

Se adauga usturoiul, buchetele de conopida, morcovul, vinetele, rosiile si cartofii. Tăiați roșiile în bucăți mai mici cu o lingură de lemn.

Adăugați năutul, apa, siropul de arțar, scorțișoara, turmeric, chimenul și sarea și amestecați. lasa sa fiarba

Când este gata, reduceți căldura la mediu-scăzut. Adăugați pasta Harissa, acoperiți și gătiți aproximativ 40 de minute sau până când legumele sunt fragede. Gustați și asezonați după gust. Se lasa sa se odihneasca inainte de servire.

Nutriție (la 100 de grame): 293 calorii 9,9 g grăsimi 12,1 g carbohidrați 11,2 g proteine 811 mg sodiu

Naut si salata impachetari cu telina

Timp de preparare: 10 minute.

Ora mesei: 0 minute

Porții: 4

Nivel de dificultate: Ușor

Continut:

- 1 conserve (15 uncii/425 g) năut cu conținut scăzut de sodiu
- 1 tulpină de țelină, feliată subțire
- 2 linguri ceapa rosie tocata
- 2 linguri de tahini nesarat
- 3 linguri muștar și miere
- 1 lingura capere, nescurcate
- 12 frunze de salată verde

Titluri:

Puneți năutul într-un castron cu un zdrobitor de cartofi sau cu dosul unei furculițe până când este aproape omogen. Adăugați țelina, ceapa roșie, tahini, muștarul și caperele în bol și amestecați până se amestecă bine.

Pentru fiecare porție, așezați trei frunze de salată verde suprapuse pe o farfurie și turnați deasupra ¼ din umplutura de hummus, apoi rulați. Repetați cu celelalte frunze de salată verde și amestecul de năut.

Nutriție (la 100 de grame): 182 calorii 7,1 g grăsimi 3 g carbohidrați 10,3 g proteine 743 mg sodiu

Frigarui de legume la gratar

Timp de preparare: 15 minute.

Ora mesei: 10 minute

Porții: 4

Nivel de dificultate: Ușor

Continut:

- 4 cepe roșii medii, decojite și tăiate în 6 felii
- 4 dovlecei medii, tăiați în felii groase de 1 inch
- 2 roșii de vită tăiate în sferturi
- 4 ardei grasi rosii
- 2 ardei gras portocalii
- 2 ardei gras galbeni
- 2 linguri plus 1 lingurita ulei de masline

Titluri:

Preîncălziți grătarul la foc mediu-mare. Intrece legumele alternativ cu ceapa rosie, dovlecel, rosii si ardei de diferite culori. Ungeți cu 2 linguri de ulei de măsline.

Ungeți grătarul cu 1 linguriță de ulei de măsline și prăjiți frigăruile de legume timp de 5 minute. Întoarceți frigăruile și puneți la grătar încă 5 minute sau până când sunt gătite după bunul plac. Lasati frigaruile sa se raceasca 5 minute inainte de a le servi.

Nutriție (la 100 de grame):115 calorii 3 g grăsimi 4,7 g carbohidrați 3,5 g proteine 647 mg sodiu

Ciuperci Portobello umplute cu rosii

Timp de preparare: 10 minute.

Ora mesei: 15 minute

Porții: 4

Nivel de dificultate: mediu

Conținut:

- 4 capace mari de ciuperci portobello
- 3 linguri ulei de masline extravirgin
- Sare si piper dupa gust
- 4 rosii uscate
- 1 cană de brânză mozzarella măruntită, împărțită
- ½ până la ¾ cană de sos de roșii cu conținut scăzut de sodiu

Titluri:

Preîncălziți grătarul la foc mare. Puneți capacele de ciuperci pe o tavă tapetată cu hârtie de copt și stropiți cu ulei de măsline.

Adăugați sare și piper. Prăjiți 10 minute, răsturnând capacele de ciuperci în jumătate, până devin aurii deasupra.

Scoateți de pe grătar. Peste fiecare capac de ciuperci se toarna 1 rosie, 2 linguri de branza si 2-3 linguri de sos. Puneți capacele de ciuperci înapoi pe grătar și continuați să prăjiți timp de 2-3 minute. Se lasa sa se raceasca 5 minute inainte de servire.

Nutriție (la 100 de grame): 217 calorii 15,8 g grăsimi 9 g carbohidrați 11,2 g proteine 793 mg sodiu

Frunze ofilite de păpădie cu ceapă dulce

Timp de preparare: 15 minute.

Ora mesei: 15 minute

Porții: 4

Nivel de dificultate: Uşor

Continut:

- 1 lingura ulei de masline extravirgin
- 2 catei de usturoi, tocati marunt
- 1 ceapa Vidalia, feliata subtire
- ½ cană bulion de legume cu conținut scăzut de sodiu
- 2 legături de frunze de păpădie, tocate
- piper negru proaspăt măcinat, după gust

Titluri:

Încinge uleiul de măsline într-o tigaie mare la foc mic. Adăugați usturoiul şi ceapa şi gătiți, amestecând din când în când, sau până când ceapa este translucidă, 2-3 minute.

Adăugați bulionul de legume şi verdeața de păpădie şi gătiți, amestecând des, timp de 5-7 minute, până se înmoaie. Se presară cu piper negru şi se serveşte pe o farfurie caldă.

Nutriție (la 100 de grame): 81 calorii 3,9 g grăsimi 4 g carbohidrați 3,2 g proteine 693 mg sodiu

Țelină și verdeață de muștar

Timp de preparare: 10 minute.

Ora mesei: 15 minute

Porții: 4

Nivel de dificultate: mediu

Conținut:

- ½ cană bulion de legume cu conținut scăzut de sodiu
- 1 tulpină de țelină, tocată grosier
- ½ ceapa dulce tocata marunt
- ½ ardei gras rosu mare, feliat subtire
- 2 catei de usturoi, tocati marunt
- 1 buchet verdeata de mustar, tocata

Titluri:

Se toarnă bulionul de legume într-o tigaie mare de fontă și se aduce la fierbere la foc mediu. Adăugați țelina, ceapa, ardeiul gras și usturoiul. Gatiti cu capacul inchis aproximativ 3-5 minute.

Adăugați verdeața de muștar în tigaie și amestecați bine. Reduceți focul și fierbeți până când lichidul se evaporă și legumele sunt fragede. Se ia de pe foc si se serveste fierbinte.

Nutriție (la 100 de grame): 39 calorii 3,1 g proteine 6,8 g carbohidrați 3 g proteine 736 mg sodiu

Ouă omletă cu legume și tofu

Timp de preparare: 5 minute.

Ora mesei: 10 minute

Porții: 2

Nivel de dificultate: Ușor

Continut:

- 2 linguri ulei de masline extravirgin
- ½ ceapa rosie, tocata marunt
- 1 cană de varză tocată
- 8 uncii (227 g) ciuperci, feliate
- 8 uncii (227 g) tofu, tocat
- 2 catei de usturoi, tocati marunt
- 1 praf de ardei iute
- ½ linguriță sare de mare
- 1/8 lingurita piper negru proaspat macinat

Titluri:

Încinge uleiul de măsline într-o tigaie antiaderență medie la foc mediu-mare până strălucește. Adăugați ceapa, varza și ciupercile în tigaie. Gatiti si amestecati sporadic sau pana cand legumele se rumenesc.

Adăugați tofu și gătiți timp de 3-4 minute până se înmoaie. Adăugați usturoiul, boia de ardei, sare și piper și gătiți timp de 30 de secunde. Se lasa sa se odihneasca inainte de servire.

Nutriție (la 100 de grame): 233 calorii 15,9 g grăsimi 2 g carbohidrați 13,4 g proteine 733 mg sodiu

zoodle simplu

Timp de preparare: 10 minute.

Ora mesei: 5 minute

Porții: 2

Nivel de dificultate: Ușor

Continut:

- 2 linguri de ulei de avocado
- 2 dovlecei medii, spiralați
- ¼ lingurita sare
- piper negru proaspăt măcinat, după gust

Titluri:

Încinge uleiul de avocado într-o tigaie mare la foc mediu până când strălucește. Adăugați tăițeii de dovlecel, sare și piper în tigaie și amestecați pentru a se acoperi. Gatiti si amestecati constant pana se inmoaie. Se serveste fierbinte.

Nutriție (la 100 de grame): 128 calorii 14 g grăsimi 0,3 g carbohidrați 0,3 g proteine 811 mg sodiu

Învelișuri cu germeni de linte și roșii

Timp de preparare: 15 minute.

Ora mesei: 0 minute

Porții: 4

Nivel de dificultate: Ușor

Continut:

- 2 cani de linte fiarta
- 5 roșii roma, rase
- ½ cană brânză feta mărunțită
- 10 frunze mari de busuioc proaspăt, feliate subțiri
- ¼ cană de ulei de măsline extravirgin
- 1 lingura de otet balsamic
- 2 catei de usturoi, tocati marunt
- ½ lingurita miere cruda
- ½ linguriță de sare
- ¼ de lingurita piper negru proaspat macinat
- 4 frunze mari de varză, tulpinile îndepărtate

Titluri:

Se adauga lintea, rosiile, branza, frunzele de busuioc, uleiul de masline, otetul, usturoiul, mierea, sare si piper si se amesteca bine.

Așezați frunzele de varză pe o suprafață de lucru plană. Se toarnă o cantitate egală de amestec de linte în jurul marginilor frunzelor. Rulați și tăiați în jumătate și serviți.

Nutriție (la 100 de grame): 318 calorii 17,6 g grăsimi 27,5 g carbohidrați 13,2 g proteine 800 mg sodiu

Plato mediteranean de legume

Timp de preparare: 10 minute.

Ora mesei: 20 de minute

Porții: 4

Nivel de dificultate: mediu

Continut:

- 2 pahare cu apa
- 1 cană #3 bulgur sau quinoa, clătită
- 1½ linguriță sare, împărțită
- 1 halbă (2 căni) de roșii cherry, tăiate la jumătate
- 1 ardei gras mare, tocat
- 1 castravete mare, tocat
- 1 cană măsline kalamata
- ½ cană de suc de lămâie proaspăt stors
- 1 cană de ulei de măsline extravirgin
- ½ linguriță piper negru proaspăt măcinat

Titluri:

Aduceți apa la fiert într-o cratiță medie la foc mediu. Adăugați bulgur (sau quinoa) și 1 linguriță de sare. Acoperiți și gătiți timp de 15-20 de minute.

Împărțiți vizual fiecare bol în 5 părți pentru a aranja legumele în 4 boluri. Aranjați bulgurul fiert unul câte unul. Urmează roșiile, ardeiul gras, castraveții și măslinele.

Adăugați sucul de lămâie, uleiul de măsline, jumătate de linguriță de sare și piper și amestecați.

Turnați sosul uniform peste cele 4 boluri. Serviți imediat sau acoperiți și păstrați la frigider pentru utilizare ulterioară.

Nutriție (la 100 de grame): 772 calorii 9 g grăsimi 6 g proteine 41 g carbohidrați 944 mg sodiu

Legume prăjite și wrap cu hummus

Timp de preparare: 15 minute.

Ora mesei: 10 minute

Porții: 6

Nivel de dificultate: mediu

Continut:

- 1 vinete mare
- 1 ceapă mare
- ½ cană de ulei de măsline extravirgin
- 1 lingurita de sare
- 6 rulouri lavash sau pâine pita mare
- 1 cană de hummus tradițional cremos

Titluri:

Încingeți un grătar, o tigaie mare sau o tigaie mare unsă ușor cu ulei la foc mediu. Tăiați vinetele și ceapa în rondele. Ungeți legumele cu ulei de măsline și stropiți cu sare.

Prăjiți legumele aproximativ 3-4 minute pe fiecare parte. Pentru a pregăti wrap, puneți lavash sau pita. Pune aproximativ 2 linguri de hummus în folie.

Împărțiți legumele uniform între ambalaje, pliându-le pe o parte a ambalajului. Îndoiți cu grijă partea laterală a pachetului cu legume, introduceți-l și înfășurați-l strâns.

Așezați cusătura înfășurată în jos și tăiați în jumătate sau treimi.

De asemenea, puteți înveli fiecare sandviș în folie alimentară pentru a-și păstra forma pentru consumul ulterioară.

Nutriție (la 100 de grame): 362 calorii 10 g grăsimi 28 g carbohidrați 15 g proteine 736 mg sodiu

fasole verde spaniolă

Timp de preparare: 10 minute.

Ora mesei: 20 de minute

Porții: 4

Nivel de dificultate: Ușor

Continut:

- ¼ cană de ulei de măsline extravirgin
- 1 ceapa mare tocata marunt
- 4 catei de usturoi tocati marunt
- 1 kilogram de fasole verde, proaspătă sau congelată, tocată
- 1½ linguriță sare, împărțită
- 1 conserve (15 uncii) de roșii tăiate cubulețe
- ½ linguriță piper negru proaspăt măcinat

Titluri:

Încinge uleiul de măsline, ceapa și usturoiul; Gatiti 1 minut. Tăiați fasolea verde în bucăți de 2 inci. Adăugați fasole verde și 1 linguriță de sare în cratiță și amestecați pentru a se combina; Gatiti 3 minute. Adăugați roșiile tăiate cubulețe, 1/2 linguriță de sare și piper rămase. Continuați să gătiți încă 12 minute, amestecând din când în când. Se serveste fierbinte.

Nutriție (la 100 de grame): 200 calorii 12 g grăsimi 18 g carbohidrați 4 g proteine 639 mg sodiu

Pastă rustică de conopidă și morcov

Timp de preparare: 10 minute.

Ora mesei: 10 minute

Porții: 4

Nivel de dificultate: Ușor

Continut:

- 3 linguri ulei de masline extravirgin
- 1 ceapa mare tocata marunt
- 1 lingura de usturoi tocat
- 2 cani de morcovi tocati
- 4 căni bucăți de conopidă, spălate
- 1 lingurita de sare
- ½ linguriță de chimen măcinat

Titluri:

Prăjiți uleiul de măsline, ceapa, usturoiul și morcovul timp de 3 minute. Tăiați conopida în bucăți de 1 inch sau de mărimea unei mușcături. Adăugați conopida, sarea și chimenul în tigaie și amestecați cu morcovii și ceapa.

Acoperiți și gătiți timp de 3 minute. Adăugați legumele și gătiți încă 3-4 minute. Se serveste fierbinte.

Nutriție (la 100 de grame): 159 calorii 17 g grăsimi 15 g carbohidrați 3 g proteine 569 mg sodiu

Conopida prăjită și roșii

Timp de preparare: 5 minute.

Ora mesei: 25 de minute

Porții: 4

Nivel de dificultate: mediu

Continut:

- 4 căni de conopidă, tăiată în bucăți de 1 inch
- 6 linguri ulei de măsline extravirgin, împărțit
- 1 lingurita sare, impartita
- 4 cani de rosii cherry
- ½ linguriță piper negru proaspăt măcinat
- ½ cană parmezan ras

Titluri:

Preîncălziți cuptorul la 425°F. Adăugați conopida, 3 linguri de ulei de măsline și ½ linguriță de sare într-un castron mare și amestecați pentru a se acoperi uniform. Puneți într-un strat uniform pe o foaie de copt tapetată cu pergament.

Într-un alt bol mare, adăugați roșiile, restul de 3 linguri de ulei de măsline și ½ linguriță de sare și amestecați uniform pe toate părțile. Se toarnă într-o altă tavă. Se da la cuptor conopida si frunzele de rosii la prajit 17-20 de minute, pana se rumeneste usor conopida si rosiile sunt fragede.

Cu o spatulă, puneți conopida pe o farfurie și acoperiți cu roșii, piper negru și parmezan. Se serveste fierbinte.

Nutriție (la 100 de grame): 294 calorii 14 g grăsimi 13 g carbohidrați 9 g proteine 493 mg sodiu

Dovleac ghinda prajit

Timp de preparare: 10 minute.

Ora mesei: 35 de minute

Porții: 6

Nivel de dificultate: mediu

Continut:

- 2 dovlecei, mijlocii spre mari
- 2 linguri ulei de masline extravirgin
- 1 lingurita sare, plus mai multa pentru condimentare
- 5 linguri de unt nesarat
- ¼ cană frunze de salvie tocate
- 2 linguri de frunze proaspete de cimbru
- ½ linguriță piper negru proaspăt măcinat

Titluri:

Preîncălziți cuptorul la 400 F. Tăiați dovleacul bonito în jumătate pe lungime. Răzuiți semințele și tăiați-le pe orizontală în felii de ¾ inch grosime. Într-un castron mare, stropiți dovleceii cu ulei de măsline, stropiți cu sare și amestecați.

Puneți dovlecelul de ghindă pe o tavă de copt. Introduceți foaia de copt la cuptor și coaceți dovleacul timp de 20 de minute. Întoarceți dovleceii cu o spatulă și gătiți încă 15 minute.

Într-o cratiță medie, topește untul la foc mediu. Adăugați salvie și cimbru în untul topit și gătiți timp de 30 de secunde. Luați feliile de dovlecel fierte pe o farfurie. Turnați amestecul de unt/ierburi peste dovlecel. Asezonați cu sare și piper. Se serveste fierbinte.

Nutriție (la 100 de grame): 188 calorii 13 g grăsimi 16 g carbohidrați 1 g proteine 836 mg sodiu

Spanac prăjit cu usturoi

Timp de preparare: 5 minute.

Ora mesei: 10 minute

Porții: 4

Nivel de dificultate: Ușor

Continut:

- ¼ cană de ulei de măsline extravirgin
- 1 ceapă roșie mare, feliată subțire
- 3 catei de usturoi tocati marunt
- 6 pungi (1 kilogram) de spanac pentru copii, clătiți
- ½ linguriță de sare
- 1 lămâie tăiată felii

Titluri:

Prăjiți uleiul de măsline, ceapa și usturoiul într-o tigaie mare la foc mediu timp de 2 minute. Adăugați o pungă de spanac și ½ linguriță de sare. Acoperiți tigaia și lăsați spanacul să se ofilească timp de 30 de secunde. Repetați, adăugând câte o pungă de spanac (omițând sarea).

Când tot spanacul a fost adăugat, scoateți capacul și gătiți timp de 3 minute pentru a permite o parte din umiditate să se evapore. Se serveste fierbinte cu un strop de coaja de lamaie deasupra.

Nutriție (la 100 de grame): 301 calorii 12 g grăsimi 29 g carbohidrați 17 g proteine 639 mg sodiu

Dovlecel prăjit cu mentă usturoi

Timp de preparare: 5 minute.

Ora mesei: 10 minute

Porții: 4

Nivel de dificultate: Uşor

Continut:

- 3 dovlecei verzi mari
- 3 linguri ulei de masline extravirgin
- 1 ceapa mare tocata marunt
- 3 catei de usturoi tocati marunt
- 1 lingurita de sare
- 1 lingurita menta uscata

Titluri:

Tăiați dovlecelul în cuburi de jumătate de centimetru. Gatiti uleiul de masline, ceapa si usturoiul timp de 3 minute, amestecand continuu.

Adăugați dovleceii și sare în tigaie și amestecați cu ceapa și usturoiul, fierbeți timp de 5 minute. Adăugați menta în tigaie și amestecați. Gatiti inca 2 minute. Se serveste fierbinte.

Nutriție (la 100 de grame): 147 calorii 16 g grăsimi 12 g carbohidrați 4 g proteine 723 mg sodiu

bame aburite

Timp de preparare: 55 minute
Ora mesei: 25 de minute
Porții: 4
Nivel de dificultate: Ușor

Continut:

- ¼ cană de ulei de măsline extravirgin
- 1 ceapa mare tocata marunt
- 4 catei de usturoi tocati marunt
- 1 lingurita de sare
- 1 kilogram de bame proaspete sau congelate, curățate
- 1 conserve (15 oz) sos de roșii simplu
- 2 pahare cu apa
- ½ cană coriandru proaspăt, tocat
- ½ linguriță piper negru proaspăt măcinat

Titluri:

Se amestecă uleiul de măsline, ceapa, usturoiul și sarea și se fierbe timp de 1 minut. Adăugați okra și gătiți timp de 3 minute.

Se adauga sosul de rosii, apa, coriandru si piper negru; Amestecați, acoperiți și gătiți timp de 15 minute, amestecând din când în când. Se serveste fierbinte.

Nutriție (la 100 de grame): 201 calorii 6 g grăsimi 18 g carbohidrați 4 g proteine 693 mg sodiu

Legume dulci umplute

Timp de preparare: 20 minute.

Ora mesei: 30 minute

Porții: 6

Nivel de dificultate: mediu

Continut:

- 6 ardei gras colorati diferite
- 3 linguri ulei de masline extravirgin
- 1 ceapa mare tocata marunt
- 3 catei de usturoi tocati marunt
- 1 morcov tocat fin
- 1 conserve (16 uncii) de năut, clătit și scurs
- 3 căni de orez fiert
- 1½ linguriță de sare
- ½ linguriță piper negru proaspăt măcinat

Titluri:

Preîncălziți cuptorul la 350°F. Asigurați-vă că alegeți ardei care pot sta în picioare. Tăiați capacele ardeilor, îndepărtați semințele și lăsați deoparte pentru mai târziu. Aranjați ardeii pe tava de copt.

Se încălzește uleiul de măsline, ceapa, usturoiul și morcovul timp de 3 minute. Adăugați năutul. Gatiti inca 3 minute. Luați tigaia de pe foc și turnați ingredientele fierte într-un castron mare. Adăugați orez, sare și piper; amesteca

Umpleți fiecare ardei deasupra, apoi puneți la loc capacele de ardei. Acoperiți tava cu folie de aluminiu și coaceți 25 de minute. Scoateți folia și coaceți încă 5 minute. Se serveste fierbinte.

Nutriție (la 100 de grame): 301 calorii 15 g grăsimi 50 g carbohidrați 8 g proteine 803 mg sodiu

musaca de vinete

Timp de preparare: 55 minute

Ora mesei: 40 de minute

Porții: 6

Nivel de dificultate: Greu

Continut:

- 2 vinete mari
- 2 lingurițe de sare, împărțite
- spray cu ulei de măsline
- ¼ cană de ulei de măsline extravirgin
- 2 cepe mari, feliate
- 10 catei de usturoi, feliati
- 2 cutii (15 uncii) de roșii tăiate cubulețe
- 1 conserve (16 uncii) de năut, clătit și scurs
- 1 lingurita de cimbru uscat
- ½ linguriță piper negru proaspăt măcinat

Titluri:

Tăiați vinetele pe orizontală în discuri rotunde de ¼ inch grosime. Se presară feliile de vinete cu 1 linguriță de sare și se lasă într-o strecurătoare timp de 30 de minute.

Preîncălziți cuptorul la 450°F. Uscați feliile de vinete cu un prosop de hârtie și stropiți sau stropiți ușor cu ulei de măsline pe ambele părți.

Puneți vinetele într-un singur strat pe o tavă de copt. Se da la cuptor si se coace 10 minute. Apoi, folosind o spatulă, răsturnați feliile și mai coaceți încă 10 minute.

Se caleste uleiul de masline, ceapa, usturoiul si restul de lingurita de sare. Gatiti 5 minute, amestecand din cand in cand. Adăugați roșiile, năutul, cimbru și piper negru. Gatiti la foc mic timp de 12 minute, amestecand sporadic.

Începeți să stratificați o caserolă adâncă cu vinetele și apoi cu sosul. Repetați până când sunt folosite toate ingredientele. Coaceți la cuptor pentru 20 de minute. Scoateți de pe aragaz și serviți fierbinți.

Nutriție (la 100 de grame): 262 calorii 11 g grăsimi 35 g carbohidrați 8 g proteine 723 mg sodiu

Frunze de struguri umplute cu legume

Timp de preparare: 50 minute.

Ora mesei: 45 de minute

Porții: 8

Nivel de dificultate: mediu

Continut:

- 2 căni de orez alb, clătit
- 2 rosii mari, tocate
- 1 ceapa mare, tocata marunt
- 1 ceapa verde tocata marunt
- 1 cana patrunjel italian proaspat, tocat marunt
- 3 catei de usturoi tocati marunt
- 2½ linguriţe de sare
- ½ linguriţă piper negru proaspăt măcinat
- 1 borcan (16 oz.) frunze de struguri
- 1 pahar de suc de lamaie
- ½ cană de ulei de măsline extravirgin
- 4-6 pahare de apă

Titluri:

Amestecaţi orezul, roşiile, ceapa, ceapa verde, pătrunjel, usturoi, sare şi piper. Se strecoară şi se spală frunzele de struguri. Pregătiţi o oală mare punând pe fund un strat de frunze de struguri. Puneţi fiecare frunză şi tăiaţi tulpina.

Pune 2 linguri de amestec de orez sub fiecare frunză. Îndoiți marginile, apoi înfășurați cât mai strâns posibil. Aranjați frunzele de viță de vie învelite în recipient cu fiecare frunză de viță de vie pe care ați învelit-o una peste alta. Continuați să pliați frunzele de struguri învelite în straturi.

Turnați cu grijă sucul de lămâie și uleiul de măsline peste frunzele de viță de vie și adăugați suficientă apă pentru a acoperi frunzele de struguri cu 1 inch. Întoarceți o farfurie groasă care este mai mică decât marginea oalei și puneți-o pe frunza de viță de vie. Acoperiți oala și gătiți frunzele la foc mediu-mic timp de 45 de minute. Lăsați să stea 20 de minute înainte de servire. Serviți cald sau rece.

Nutriție (la 100 de grame): 532 calorii 15 g grăsimi 80 g carbohidrați 12 g proteine 904 mg sodiu

rulada de vinete la gratar

Timp de preparare: 30 minute.

Ora mesei: 10 minute

Porții: 6

Nivel de dificultate: mediu

Continut:

- 2 vinete mari
- 1 lingurita de sare
- 4 uncii brânză de capră
- 1 cană de ricotta
- ¼ cană busuioc proaspăt, tocat
- ½ linguriță piper negru proaspăt măcinat
- spray cu ulei de măsline

Titluri:

Tăiați partea de sus a vinetei și tăiați-le pe lungime în felii de ¼ inch grosime. Se presară feliile cu sare și se lasă vinetele într-o strecurătoare 15-20 de minute.

Adaugam branza de capra, ricotta, busuiocul si piperul. Preîncălziți un grătar, o tigaie sau o tigaie ușor unsă cu ulei la foc mediu. Uscați feliile de vinete și stropiți-le ușor cu ulei de măsline. Puneti vinetele pe gratar, gratar sau gratar si gatiti 3 minute pe fiecare parte.

Luați vinetele de pe foc și lăsați-o să se răcească 5 minute. Pentru rulada, așezați o felie de vinete, puneți sub felie o lingură de amestec de brânză și rulați-o. Se serveste imediat sau se da la frigider pana la servire.

Nutriție (la 100 de grame): 255 calorii 7 g grăsimi 19 g carbohidrați 15 g proteine 793 mg sodiu

Bejele crocante de dovlecei

Timp de preparare: 15 minute.

Ora mesei: 20 de minute

Porții: 6

Nivel de dificultate: Ușor

Continut:

- 2 dovlecei verzi mari
- 2 linguri patrunjel italian, tocat marunt
- 3 catei de usturoi tocati marunt
- 1 lingurita de sare
- 1 cană de făină
- 1 ou mare, bătut
- ½ cană de apă
- 1 lingurita de praf de copt
- 3 căni de ulei vegetal sau de avocado

Titluri:

Răziți dovlecelul într-un castron mare. Adăugați pătrunjelul, usturoiul, sarea, făina, oul, apa și praful de copt în bol și amestecați. Într-o cratiță mare sau o friteuză, încălziți uleiul la 365°F la foc mediu.

Se arunca aluatul prajit in ulei incins unul cate unul cu o lingura. Folosind o lingura cu fanta, intoarceti prajiturile si gatiti pana se rumenesc in 2-3 minute. Scurgeti cartofii din ulei si asezati pe o farfurie tapetata cu prosoape de hartie. Serviți fierbinte cu tzatziki cremos sau hummus tradițional cremos ca sos.

Nutriție (la 100 de grame): 446 calorii 2 g grăsimi 19 g carbohidrați 5 g proteine 812 mg sodiu

prăjitură cu spanac cu brânză

Timp de preparare: 20 minute.

Ora mesei: 40 de minute

Porții: 8

Nivel de dificultate: Greu

Continut:

- 2 linguri ulei de masline extravirgin
- 1 ceapa mare tocata marunt
- 2 catei de usturoi, tocati marunt
- 3 pungi (1 kilogram) de spanac pentru copii, clătiți
- 1 cană de brânză albă
- 1 ou mare, bătut
- foi de foietaj

Titluri:

Preîncălziți cuptorul la 375°F. Încinge uleiul de măsline, ceapa și usturoiul timp de 3 minute. Adăugați pe rând spanacul în tigaie și lăsați-l să se ofilească între fiecare pungă. Se amestecă cu penseta. Gatiti 4 minute. După ce spanacul este fiert, stoarceți excesul de lichid din tigaie.

Într-un castron mare, amestecați feta, ouăle și spanacul fiert. Puneți aluatul foietaj pe o suprafață de lucru. Tăiați aluatul în pătrate de 3 inci. Pune o lingură de amestec de spanac în mijloc. Îndoiți un colț al pătratului în colțul diagonală pentru a forma un triunghi. Apăsați marginile prăjiturii împreună cu dinții furculiței. Repetați până când toate pătratele sunt umplute.

Puneți prăjiturile pe o foaie de copt tapetată cu pergament și coaceți timp de 25-30 de minute sau până se rumenesc. Se serveste cald sau la temperatura camerei.

Nutriție (la 100 de grame): 503 calorii 6 g grăsimi 38 g carbohidrați 16 g proteine 836 mg sodiu

mușcături de castraveți

Timp de preparare: 5 minute.

Ora mesei: 0 minute

Porții: 12

Nivel de dificultate: Ușor

Continut:

- 1 castravete feliat
- 8 felii de pâine integrală
- 2 linguri crema de branza, moale
- 1 lingura coriandru tocat
- ¼ cană de avocado, decojit, fără sâmburi și piure
- 1 lingurita mustar
- Sare si piper dupa gust

Titluri:

Întindeți piureul de avocado pe fiecare felie de pâine, întindeți celelalte ingrediente, cu excepția feliilor de castraveți.

Împărțiți feliile de castraveți în felii de pâine, tăiați fiecare felie în treimi și aranjați pe un platou și serviți ca aperitiv.

Nutriție (la 100 de grame): 187 calorii 12,4 g grăsimi 4,5 g carbohidrați 8,2 g proteine 736 mg sodiu

sos de iaurt

Timp de preparare: 10 minute.

Ora mesei: 0 minute

Porții: 6

Nivel de dificultate: Ușor

Continut:

- 2 cani de iaurt grecesc
- 2 linguri alune prajite si tocate
- Un praf de sare si piper alb.
- 2 linguri de pudră de mentă
- 1 lingură măsline kalamata fără sâmburi și mărunțite
- ¼ cană zaatar condimentat
- ¼ cană semințe de rodie
- 1/3 cană ulei de măsline

Titluri:

Se amestecă iaurtul cu alune și alte ingrediente, se amestecă bine, se împarte în pahare mici și se servește cu pita.

Nutriție (la 100 de grame): 294 calorii 18 g grăsimi 2 g carbohidrați 10 g proteine 593 mg sodiu

bruscheta de rosii

Timp de preparare: 10 minute.

Ora mesei: 10 minute

Porții: 6

Nivel de dificultate: Uşor

Continut:

- 1 bagheta, feliata
- 1/3 cană busuioc tocat
- 6 rosii, tocate
- 2 catei de usturoi, tocati marunt
- Un praf de sare si piper.
- 1 lingurita de ulei de masline
- 1 lingura de otet balsamic
- ½ linguriță de pudră de usturoi
- spray de gatit

Titluri:

Puneți feliile de baghetă pe o foaie de copt tapetată cu pergament și ungeți cu spray de gătit. Se coace la 400 de grade timp de 10 minute.

Se amestecă roșiile cu busuioc și alte ingrediente, se amestecă bine și se lasă 10 minute. Împărțiți amestecul de roșii în fiecare felie de baghetă, puneți-le pe un platou și serviți.

Nutriție (la 100 de grame): 162 calorii 4 g grăsimi 29 g carbohidrați 4 g proteine 736 mg sodiu

Roșii umplute cu măsline și brânză

Timp de preparare: 10 minute.

Ora mesei: 0 minute

Porții: 24

Nivel de dificultate: Ușor

Continut:

- Tăiați vârfurile a 24 de roșii cherry și scobiți-le.
- 2 linguri de ulei de măsline
- ¼ de linguriță fulgi de ardei roșu
- ½ cană brânză feta, mărunțită
- 2 linguri de pasta de masline negre
- ¼ cană mentă, ruptă

Titluri:

Într-un castron, amestecați pasta de măsline cu celelalte ingrediente, cu excepția roșiilor cherry și amestecați bine. Umpleți roșiile cherry cu acest amestec, puneți-le într-un bol și serviți ca aperitiv.

Nutriție (la 100 de grame): 136 calorii 8,6 g grăsimi 5,6 g carbohidrați 5,1 g proteine 648 mg sodiu

tapenada de ardei

Timp de preparare: 10 minute.

Ora mesei: 0 minute

Porții: 4

Nivel de dificultate: Ușor

Continut:

- 7 uncii ardei gras rosu prajit, tocat
- ½ cană parmezan ras
- 1/3 cana patrunjel tocat
- 14 uncii de anghinare conservate, scurse și tocate
- 3 linguri de ulei de măsline
- ¼ cană capere, scurse
- 1 și jumătate de linguriță de suc de lămâie
- 2 catei de usturoi, tocati marunt

Titluri:

Într-un blender, combinați boia de ardei cu parmezanul și alte ingrediente și amestecați bine. Împărțiți în pahare și serviți ca gustare.

Nutriție (la 100 de grame): 200 calorii 5,6 g grăsimi 12,4 g carbohidrați 4,6 g proteine 736 mg sodiu

falafel de coriandru

Timp de preparare: 10 minute.

Ora mesei: 10 minute

Porții: 8

Nivel de dificultate: Ușor

Continut:

- 1 cană de năut la conserva
- 1 legatura de frunze de patrunjel
- 1 ceapa galbena tocata marunt
- 5 catei de usturoi tocati
- 1 lingurita coriandru macinat
- Un praf de sare si piper.
- ¼ lingurita de piper cayenne
- ¼ linguriță de praf de copt
- ¼ linguriță de chimen pudră
- 1 lingurita de suc de lamaie.
- 3 linguri faina de tapioca
- ulei de măsline pentru prăjit

Titluri:

Într-un robot de bucătărie, combinați fasolea cu pătrunjelul, ceapa și toate celelalte ingrediente, cu excepția uleiului și făinii și amestecați bine. Se toarnă amestecul într-un bol, se adaugă făina, se amestecă bine și se formează 16 bile mici din acest amestec și se aplatizează ușor.

Se încălzește tigaia la foc mediu-mare, se adaugă jumătățile de falafel, se gătesc 5 minute pe fiecare parte, se scot pe prosoape de hârtie, se îndepărtează excesul de ulei, se așează pe o farfurie și se servește ca aperitiv.

Nutriție (la 100 de grame): 122 calorii 6,2 g grăsimi 12,3 g carbohidrați 3,1 g proteine 699 mg sodiu

hummus cu boia

Timp de preparare: 10 minute.

Ora mesei: 0 minute

Porții: 6

Nivel de dificultate: Ușor

Continut:

- 6 uncii de ardei roșii prăjiți, curățați și tocați
- 16 uncii de năut conservat, scurs și clătit
- ¼ cană iaurt grecesc
- 3 linguri de pasta de tahini
- suc de 1 lămâie
- 3 catei de usturoi tocati marunt
- 1 lingura de ulei de masline
- Un praf de sare si piper.
- 1 lingura patrunjel tocat

Titluri:

Într-un robot de bucătărie, combinați ardeiul roșu cu celelalte ingrediente, cu excepția uleiului și pătrunjelul și pisați bine. Adăugați ulei, amestecați din nou, împărțiți în pahare, stropiți cu pătrunjel și serviți ca o jumătate de cârpă.

Nutriție (la 100 de grame): 255 calorii 11,4 g grăsimi 17,4 g carbohidrați 6,5 g proteine 593 mg sodiu

sos de fasole albă

Timp de preparare: 10 minute.

Ora mesei: 0 minute

Porții: 4

Nivel de dificultate: Ușor

Continut:

- 15 uncii conserve de fasole marine, scurse și clătite
- 6 uncii inimioare de anghinare conservate, scurse și tăiate în sferturi
- 4 catei de usturoi, tocati
- 1 lingura busuioc tocat
- 2 linguri de ulei de măsline
- suc de ½ lămâie
- ½ coajă de lămâie rasă
- Sare si piper dupa gust

Titluri:

În robotul de bucătărie, combinați fasolea cu anghinarea și alte ingrediente, cu excepția uleiului și leguminoaselor. Se adauga uleiul putin cate putin, se stoarce din nou amestecul, se imparte in cani si se serveste ca o baie.

Nutriție (la 100 de grame): 27 calorii 11,7 g grăsimi 18,5 g carbohidrați 16,5 g proteine 668 mg sodiu

Hummus tocat de miel

Timp de preparare: 10 minute.

Ora mesei: 15 minute

Porții: 8

Nivel de dificultate: Ușor

Conținut:

- 10 uncii de hummus
- 12 uncii de miel măcinat
- ½ cană semințe de rodie
- ¼ cană pătrunjel tocat
- 1 lingura de ulei de masline
- Serviți cu chipsuri pita

Titluri:

Se încălzește tigaia la foc mediu-mare, se adaugă carnea și se fierbe timp de 15 minute, amestecând des. Se întinde hummusul pe o farfurie, se stropește cu miel măcinat, se presară cu semințe de rodie și pătrunjel și se servește cu chipsuri pita ca gustare.

Nutriție (la 100 de grame): 133 calorii 9,7 g grăsimi 6,4 g carbohidrați 5,4 g proteine 659 mg sodiu

sos de vinete

Timp de preparare: 10 minute.

Ora mesei: 40 de minute

Porții: 4

Nivel de dificultate: Ușor

Continut:

- 1 vinete, tăiată în bucăți mici cu o furculiță
- 2 linguri de pasta de tahini
- 2 linguri de suc de lamaie
- 2 catei de usturoi, tocati marunt
- 1 lingura de ulei de masline
- Sare si piper dupa gust
- 1 lingura patrunjel tocat

Titluri:

Pune vinetele pe o foaie de copt, coace la 400 F timp de 40 de minute, se răcește, se decojește și se transferă în robotul de bucătărie. Se amestecă toate ingredientele cu excepția pătrunjelului și se frământă bine, se împart în boluri mici și se servește ca aperitiv prin stropire de pătrunjel.

Nutriție (la 100 de grame): 121 calorii 4,3 g grăsimi 1,4 g carbohidrați 4,3 g proteine 639 mg sodiu

legume prajite

Timp de preparare: 10 minute.

Ora mesei: 10 minute

Porții: 8

Nivel de dificultate: Ușor

Continut:

- 2 catei de usturoi, tocati marunt
- 2 cepe galbene tocate fin
- 4 cepe primavara tocate marunt
- 2 morcovi rasi
- 2 lingurite chimen macinat
- ½ linguriță de turmeric pudră
- Sare si piper dupa gust
- ¼ lingurita coriandru macinat
- 2 linguri patrunjel tocat
- ¼ lingurita suc de lamaie
- ½ cană făină de migdale
- 2 sfecla, curatata si rasa
- 2 ouă omletă
- ¼ cană făină de tapioca
- 3 linguri de ulei de măsline

Titluri:

Într-un bol, amestecați usturoiul cu ceapa, ceapa primăvară și alte ingrediente, cu excepția uleiului, amestecați bine și formați cuburi de mărime medie cu acest amestec.

Se incinge tigaia la foc mediu-mare, se aseaza prajiturile deasupra, se fierbe 5 minute pe fiecare parte, se aseaza intr-un castron si se servesc.

Nutriție (la 100 de grame): 209 calorii 11,2 g grăsimi 4,4 g carbohidrați 4,8 g proteine 726 mg sodiu

Chiftele de miel bulgur

Timp de preparare: 10 minute.

Ora mesei: 15 minute

Porții: 6

Nivel de dificultate: Ușor

Continut:

- 1 cană și jumătate de iaurt
- ½ linguriță de chimion, măcinat
- 1 cană de castraveți, ras
- ½ lingurita de usturoi tocat
- Un praf de sare si piper.
- 1 cană de bulgur
- 2 pahare cu apa
- 1 kg carne de vita tocata
- ¼ cană pătrunjel tocat
- ¼ cană eșalotă tocată
- ½ linguriță de ienibahar, măcinat
- ½ lingurita de scortisoara macinata
- 1 lingura de ulei de masline

Titluri:

Amestecați bulgurul cu apă, acoperiți vasul, lăsați-l să stea 10 minute, scurgeți și turnați într-un bol. Adăugați carnea, iaurtul și alte ingrediente, cu excepția uleiului, amestecați bine și faceți chiftele de mărime medie din acest amestec. Se incinge tigaia la foc mediu-mare, se aseaza chiftelele deasupra, se fierbe 7 minute pe fiecare parte, se aseaza intr-un bol si se servesc ca aperitiv.

Nutriție (la 100 de grame): 300 calorii 9,6 g grăsimi 22,6 g carbohidrați 6,6 g proteine 644 mg sodiu

mușcături de castraveți

Timp de preparare: 10 minute.

Ora mesei: 0 minute

Porții: 12

Nivel de dificultate: Ușor

Continut:

- 1 castravete englezesc, tăiat în 32 de felii
- 10 uncii de hummus
- 16 roșii cherry, tăiate la jumătate
- 1 lingura patrunjel tocat
- 1 uncie de brânză feta, mărunțită

Titluri:

Se intinde hummus pe fiecare inel de castraveti, se taie rosiile in jumatate, se presara cu branza si patrunjel si se serveste ca aperitiv.

Nutriție (la 100 de grame): 162 calorii 3,4 g grăsimi 6,4 g carbohidrați 2,4 g proteine 702 mg sodiu

avocado umplut

Timp de preparare: 10 minute.

Ora mesei: 0 minute

Porții: 2

Nivel de dificultate: Uşor

Continut:

- 1 avocado tăiat în jumătate şi fără sâmburi
- 10 oz conserve de ton, scurs
- 2 linguri rosii uscate la soare, tocate
- 1 şi ½ linguriță pesto de busuioc
- 2 linguri de masline negre, fara samburi si tocate
- Sare si piper dupa gust
- 2 lingurite nuci de pin prajite si tocate
- 1 lingura busuioc tocat

Titluri:

Se amestecă şi se amestecă tonul cu celelalte ingrediente, cu excepția roşiilor uscate la soare şi avocado. Umpleți jumătate din avocado cu amestecul de ton şi serviți ca aperitiv.

Nutriție (la 100 de grame): 233 calorii 9 g grăsimi 11,4 g carbohidrați 5,6 g proteine 735 mg sodiu

prune ambalate

Timp de preparare: 5 minute.

Ora mesei: 0 minute

Porții: 8

Nivel de dificultate: Ușor

Continut:

- 2 uncii de prosciutto, tăiat în 16 bucăți
- 4 prune sferturi
- 1 lingura coriandru tocat
- Un praf de fulgi de ardei rosu macinati

Titluri:

Înfășurați fiecare sfert de prune într-o felie de șuncă, așezați-o pe o farfurie, presărați cu ceață și fulgi de ardei roșu și serviți.

Nutriție (la 100 de grame): 30 calorii 1 g grăsime 4 g carbohidrați 2 g proteine 439 mg sodiu

Brânză Feta marinată și anghinare

timp de pregatire: 10 minute plus 4 ore de inactivitate

Ora mesei: 10 minute

Porții: 2

Nivel de dificultate: Ușor

Continut:

- 4 uncii feta tradițională grecească, tăiată în cuburi de ½ inch
- 4 uncii inimioare de anghinare scurse, tăiate în sferturi pe lungime
- 1/3 cană ulei de măsline extravirgin
- Coaja și sucul de la 1 lămâie
- 2 linguri de rozmarin proaspăt tocat grosier
- 2 linguri patrunjel proaspat tocat
- ½ linguriță de piper negru

Titluri:

Amesteca branza feta si inimioare de anghinare intr-un bol de sticla. Adăugați uleiul de măsline, coaja și sucul de lămâie, rozmarinul, pătrunjelul și piperul negru și amestecați ușor în înveliș, având grijă să nu rupeți brânza feta.

Se lasa la frigider 4 ore sau pana la 4 zile. Scoateți din frigider cu 30 de minute înainte de servire.

Nutriție (la 100 de grame): 235 calorii 23 g grăsimi 1 g carbohidrați 4 g proteine 714 mg sodiu

crochete de ton

timp de pregatire: 40 de minute, plus ore peste noapte pentru a se răci

Ora mesei: 25 de minute

porție: 36

Nivel de dificultate: Greu

Continut:

- 6 linguri ulei de măsline extravirgin plus 1-2 căni
- 5 linguri de făină de migdale, plus 1 cană, împărțite
- 1¼ cană de smântână groasă
- 1 cutie (4 uncii) de ton galben învelit în ulei de măsline
- 1 lingura ceapa rosie tocata
- 2 lingurite capere tocate
- ½ linguriță mărar uscat
- ¼ de lingurita piper negru proaspat macinat
- 2 ouă mari
- 1 cană pesmet panko (sau versiunea fără gluten)

Titluri:

Încinge 6 linguri de ulei de măsline într-o tigaie mare la foc mediu-mic. Adaugati 5 linguri de faina de migdale si gatiti, amestecand continuu, timp de 2-3 minute, pana se formeaza o pasta fina si faina se rumeneste usor.

Dați focul la mediu-mare și adăugați treptat smântâna groasă, amestecând continuu încă 4-5 minute până când este complet netedă și groasă. Scoatem si adaugam tonul, ceapa rosie, caperele, mararul si piperul negru.

Puneți amestecul într-o tavă pătrată de copt de 8 inci, bine tapetată cu ulei de măsline și lăsați deoparte la temperatura camerei. Înfășurați și lăsați la frigider pentru 4 ore sau peste noapte. Aranjați trei boluri pentru a modela crocheta. Bateți ouăle împreună. În cealaltă se adaugă făina de migdale rămasă. În al treilea rând, adăugați panko. Acoperiți o tavă cu hârtie de copt.

Se toarnă o lingură din aluatul răcit în amestecul de făină și se rulează. Scuturați excesul și rulați-l într-un oval cu mâinile.

Înmuiați crochetele în ou bătut, apoi ungeți subțire cu panko. Aranjați pe o tavă tapetată cu hârtie de copt și repetați cu aluatul rămas.

Încălziți restul de 1-2 căni de ulei de măsline într-o tigaie mică la foc mediu-mare.

Cand uleiul este incins se prajesc crochetele de 3-4 ori la rand, in functie de marimea tigaii, iar cand devin aurii se scot cu o lingura cu fanta. Va trebui să reglați temperatura uleiului din când în când pentru a evita arderea. Daca aluatul se rumeneste prea repede, scade temperatura.

Nutriție (la 100 de grame): 245 calorii 22 g grăsimi 1 g carbohidrați 6 g proteine 801 mg sodiu

somon afumat crud

Timp de preparare: 10 minute.

Ora mesei: 15 minute

Porții: 4

Nivel de dificultate: Ușor

Continut:

- 6 uncii de somon sălbatic afumat
- 2 linguri aioli cu usturoi prajit
- 1 lingura de mustar de Dijon
- 1 lingură arpagic tocat, doar părți verzi
- 2 lingurite capere tocate
- ½ linguriță mărar uscat
- 4 sulițe de andive sau inimioare de salată verde
- ½ castravete englezesc, feliat de ¼ inch grosime

Titluri:

Tăiați somonul afumat în cuburi mari și puneți-l într-un castron mic. Adaugati aioli, Dijon, ceapa, caperele si mararul si amestecati bine. Frecați o lingură de amestec de somon afumat pe tulpina de andive și feliile de castraveți și mâncați rece.

Nutriție (la 100 de grame): 92 calorii 5 g grăsimi 1 g carbohidrați 9 g proteine 714 mg sodiu

Măsline marinate cu citrice

Timp de preparare: 4 ore.

Ora mesei: 0 minute

Porții: 2

Nivel de dificultate: Ușor

Continut:

- 2 căni de măsline verzi amestecate fără sâmburi
- ¼ cană de oțet de vin roșu
- ¼ cană de ulei de măsline extravirgin
- 4 catei de usturoi tocati marunt
- Coaja și sucul unei portocale mari
- 1 lingurita boia
- 2 foi de dafin
- ½ linguriță de chimen măcinat
- ½ linguriță de ienibahar măcinat

Titluri:

Adaugati maslinele, otetul, uleiul, usturoiul, coaja si sucul de portocala, ardeiul iute, frunza de dafin, chimenul si ienibaharul si amestecati bine. Acoperiți și lăsați la frigider timp de 4 ore sau până la o săptămână pentru a permite măslinelor să se marineze și să amestecați din nou înainte de servire.

Nutriție (la 100 de grame): 133 calorii 14 g grăsimi 2 g carbohidrați 1 g proteine 714 mg sodiu

Ansoa cu tapenade de măsline

timp de pregatire: 1 oră 10 minute

Ora mesei: 0 minute

Porții: 2

Nivel de dificultate: mediu

Continut:

- 2 căni de măsline Kalamata fără sâmburi sau alte măsline negre
- 2 fileuri de hamsii tocate marunt
- 2 lingurite capere tocate
- 1 catel de usturoi tocat marunt
- 1 galbenus de ou fiert
- 1 lingurita mustar de Dijon
- ¼ cană de ulei de măsline extravirgin
- Gustări rotunde, versatile sau legume pentru servire (opțional)

Titluri:

Clătiți măslinele în apă rece și scurgeți bine. Puneți măslinele, ansoa, caperele, usturoiul, gălbenușul de ou și Dijonul scurse într-un robot de bucătărie, blender sau ulcior mare (dacă utilizați un blender). Formați continuu o pastă groasă. Adăugați încet uleiul de măsline pe măsură ce lucrați.

Se pune intr-un castron mic, se acopera si se da la frigider pentru cel putin 1 ora pentru ca aromele sa se dezvolte. Serviți cu covrigei, pe un sandviș rotund versatil sau cu legumele crocante preferate.

Nutriție (la 100 de grame): 179 calorii 19 g grăsimi 2 g carbohidrați 2 g proteine 82 mg sodiu

Ouă de diavol grecești

Timp de preparare: 45 minute.

Ora mesei: 15 minute

Porții: 4

Nivel de dificultate: Ușor

Continut:

- 4 oua fierte mari
- 2 linguri aioli cu usturoi prajit
- ½ cană brânză feta mărunțită fin
- 8 măsline Kalamata, fără sâmburi și tocate
- 2 linguri rosii uscate tocate
- 1 lingura ceapa rosie tocata
- ½ linguriță mărar uscat
- ¼ de lingurita piper negru proaspat macinat

Titluri:

Tăiați ouăle fierte tari în jumătate pe lungime, îndepărtați gălbenușurile și puneți-le într-un bol mediu. Separam jumatate din albusuri si punem deoparte. Se zdrobește bine gălbenușul cu o furculiță. Adăugați aioli, feta, măsline, roșii uscate la soare, ceapa, mărar și ardei și amestecați până când sunt omogene și cremoase.

Se toarnă umplutura în fiecare jumătate de albuș și se dă la frigider, acoperit, timp de 30 de minute sau până la 24 de ore.

Nutriție (la 100 de grame): 147 calorii 11 g grăsimi 6 g carbohidrați 9 g proteine 736 mg sodiu

Biscuiți La Mancha

timp de pregatire: 1 oră 15 minute

Ora mesei: 15 minute

Porții: 20

Nivel de dificultate: Greu

Continut:

- 4 linguri de unt la temperatura camerei
- 1 cană brânză Manchego rasă fin
- 1 cană de făină de migdale
- 1 lingurita sare, impartita
- ¼ de lingurita piper negru proaspat macinat
- 1 ou mare

Titluri:

Cu ajutorul unui mixer electric, bateți untul și brânza rasă până se combină bine. Se amestecă făina de migdale cu ½ linguriță de sare și piper. Adăugați treptat amestecul de făină de migdale în brânză și amestecați constant până când aluatul formează o minge.

Puneți o bucată de pergament sau folie de plastic și rulați-o într-un buștean cilindric de aproximativ 1,5 inci grosime. Se acoperă strâns și se congelează cel puțin 1 oră. Preîncălziți cuptorul la 350°F. Tapetați 2 tăvi de copt cu hârtie de copt sau foi de copt din silicon.

Pentru a pregăti oul omletă, amestecați oul și jumătate de linguriță de sare rămasă. Tăiați aluatul răcit în felii mici de aproximativ ¼ inch grosime și puneți-l pe o tavă de copt.

Ungeți blatul biscuiților cu ou și coaceți până când biscuiții devin aurii și crocanți. Se pune pe un grătar pentru a se răci.

Se serveste cald sau, daca s-a racit complet, se pastreaza intr-un recipient ermetic la frigider pana la 1 saptamana.

Nutriție (la 100 de grame): 243 calorii 23 g grăsimi 1 g carbohidrați 8 g proteine 804 mg sodiu

Burrata Caprese Stack

Timp de preparare: 5 minute.

Ora mesei: 0 minute

Porții: 4

Nivel de dificultate: Ușor

Continut:

- 1 roșie organică mare, de preferință moștenire
- ½ linguriță de sare
- ¼ de lingurita piper negru proaspat macinat
- 1 minge (4 uncii) brânză burrata
- 8 frunze de busuioc proaspăt feliate subțiri
- 2 linguri ulei de masline extravirgin
- 1 lingura de vin rosu sau otet balsamic

Titluri:

Tăiați roșiile în 4 felii groase, scoateți miezul din miez tare și stropiți cu sare și piper. Asezati rosiile pe o farfurie cu partea picanta in sus. Pe o farfurie separată, tăiați burrata în 4 felii groase și puneți câte o felie deasupra fiecărei felii de roșii. Acoperiți fiecare cu un sfert de busuioc și puneți cu lingură crema de burrata separată de farfuria cu ramă.

Stropiți cu ulei de măsline și oțet, apoi serviți cu o furculiță și un cuțit.

Nutriție (la 100 de grame): 153 calorii 13 g grăsimi 1 g carbohidrați 7 g proteine 633 mg sodiu

Ricotta de dovlecei prăjiți cu aioli de lămâie și usturoi

timp de pregatire: 10 minute plus 20 minute odihnă
Ora mesei: 25 de minute
Porții: 4
Nivel de dificultate: Greu

Continut:

- 1 dovlecel mare sau 2 mici/medii
- 1 lingurita sare, impartita
- ½ cană de brânză ricotta plină de grăsime
- 2 cepe de primăvară
- 1 ou mare
- 2 catei de usturoi tocati marunt
- 2 linguri de menta proaspata tocata (optional)
- 2 lingurițe de coajă de lămâie
- ¼ de lingurita piper negru proaspat macinat
- ½ cană făină de migdale
- 1 lingurita de praf de copt
- 8 linguri de ulei de măsline extravirgin
- 8 linguri de aioli cu usturoi prăjit sau maioneză cu ulei de avocado

Titluri:

Puneți dovlecelul ras într-o strecurătoare sau pe mai multe straturi de prosoape de hârtie. Se presară cu ½ linguriță de sare și se lasă 10 minute. Folosind un alt strat de prosoape de hârtie, apăsați și uscați dovleceii pentru a elibera excesul de umiditate. Adăugați dovlecelul scurs, ricotta, ceaiul verde, ouăle, usturoiul, menta (dacă este folosit), coaja de lămâie, ½ linguriță rămasă de sare și piper.

Se amestecă făina de migdale și praful de copt până devine spumoasă. Adăugați amestecul de făină în amestecul de dovleac și lăsați-l să se odihnească timp de 10 minute. Prăjiți prăjiturile în patru reprize într-o tigaie mare. Pentru fiecare lot de patru, încălziți 2 linguri de ulei de măsline la foc mediu-mare. Adăugați 1 lingură de aluat de dovleac pe ou omletă și apăsați cu dosul unei linguri pentru a forma 2-3 inci de ouă omletă. Acoperiți și prăjiți timp de 2 minute înainte de a le întoarce. Gatiti inca 2-3 minute, acoperit sau pana devine crocant, maro auriu si complet fiert. Poate fi necesar să reduceți căldura la mediu pentru a evita arderea. Scoateți din tigaie și păstrați la cald.

Repetați pentru celelalte trei loturi, folosind 2 linguri de ulei de măsline pentru fiecare lot. Servește fritlele fierbinți cu aioli.

Nutriție (la 100 de grame): 448 calorii 42 g grăsimi 2 g carbohidrați 8 g proteine 744 mg sodiu

Castraveți umpluți cu somon

Timp de preparare: 10 minute.

Ora mesei: 0 minute

Porții: 4

Nivel de dificultate: Ușor

Continut:

- 2 castraveți mari, decojiți
- 1 conserve (4 uncii) de somon sockeye
- 1 avocado mediu foarte copt
- 1 lingura ulei de masline extravirgin
- 1 coaja si suc de lamaie
- 3 linguri coriandru proaspăt tocat
- ½ linguriță de sare
- ¼ de lingurita piper negru proaspat macinat

Titluri:

Tăiați castravetele în felii de 1 inch grosime și răzuiți semințele din centrul fiecărei felii cu o lingură și puneți-le pe o farfurie. Într-un castron mediu, combinați somonul, avocado, uleiul de măsline, coaja și sucul de lămâie, coriandru, sare și piper și amestecați până devine cremos.

Turnați amestecul de somon în centrul fiecărei porții de castraveți și serviți rece.

Nutriție (la 100 de grame): 159 calorii 11 g grăsimi 3 g carbohidrați 9 g proteine 739 mg sodiu

Pastă de brânză de capră și macrou

Timp de preparare: 10 minute.

Ora mesei: 0 minute

Porții: 4

Nivel de dificultate: Ușor

Continut:

- 4 uncii macrou sălbatic învelite în ulei de măsline
- 2 uncii brânză de capră
- Coaja și sucul de la 1 lămâie
- 2 linguri patrunjel proaspat tocat
- 2 linguri rucola proaspata tocata
- 1 lingura ulei de masline extravirgin
- 2 lingurite capere tocate
- 1-2 lingurițe de hrean proaspăt (opțional)
- Biscuiți, castraveți feliați, cicoare sau țelină pentru servire (opțional)

Titluri:

Într-un robot de bucătărie, un blender sau un castron mare, combinați macroul, brânza de capră, coaja și sucul de lămâie, pătrunjelul, rucola, uleiul de măsline, caperele și hreanul (dacă se utilizează). Procesați sau amestecați până când este omogen și cremos.

Serviți cu biscuiți, felii de castraveți, andive sau țelină. Păstrați acoperit la frigider până la 1 săptămână.

Nutriție (la 100 de grame): 118 calorii 8 g grăsimi 6 g carbohidrați 9 g proteine 639 mg sodiu

Gustul bombelor petroliere mediteraneene

timp de pregatire: 4 ore 15 minute
Ora mesei: 0 minute
Porții: 6
Nivel de dificultate: mediu

Continut:

- 1 cană brânză de capră mărunțită
- 4 linguri pesto prajit
- 12 măsline Kalamata fără sâmburi, tăiate
- ½ cana nuci tocate marunt
- 1 lingura rozmarin proaspat tocat

Titluri:

Într-un castron mediu, combinați brânză de capră, pesto și măsline și amestecați bine cu o furculiță. Congelați timp de 4 ore pentru a se întări.

Cu ajutorul mâinilor, formați amestecul în 6 bile de aproximativ ¾ inch în diametru. Amestecul va fi lipicios.

Puneți nucile și rozmarinul într-un castron mic și rulați biluțe de brânză de capră în amestecul de nuci pentru a le acoperi. Păstrați bombele cu grăsime în frigider până la 1 săptămână sau în congelator până la 1 lună.

Nutriție (la 100 de grame): 166 calorii 15 g grăsimi 1 g carbohidrați 5 g proteine 736 mg sodiu

gazpacho cu avocado

Timp de preparare: 15 minute.

Ora mesei: 10 minute

Porții: 4

Nivel de dificultate: Ușor

Continut:

- 2 cani de rosii tocate
- 2 avocado mari copți, tăiați la jumătate și fără sâmburi
- 1 castravete mare, curatat de coaja si miez
- 1 ardei gras mediu (rosu, portocaliu sau galben), tocat marunt
- 1 cană de lapte integral iaurt grecesc simplu
- ¼ cană de ulei de măsline extravirgin
- ¼ cană coriandru proaspăt tocat
- ¼ cană ceapă verde tocată, numai părți verzi
- 2 linguri de otet de vin rosu
- Suc de 2 lime sau 1 lămâie
- ½ până la 1 linguriță de sare
- ¼ de lingurita piper negru proaspat macinat

Titluri:

Folosind un blender, amestecați roșii, avocado, castraveți, ardei gras, iaurt, ulei de măsline, coriandru, ceapă verde, oțet și suc de lămâie. Se amestecă până la omogenizare.

Condimentați și amestecați pentru a combina aromele. Se serveste rece.

Nutriție (la 100 de grame): 392 calorii 32 g grăsimi 9 g carbohidrați 6 g proteine 694 mg sodiu

ceşti de salată de prăjitură de crab

Timp de preparare: 35 minute.

Ora mesei: 20 de minute

Porţii: 4

Nivel de dificultate: mediu

Continut:

- 1 kg crab uriaş
- 1 ou mare
- 6 linguri aioli cu usturoi prajit
- 2 linguri muştar de Dijon
- ½ cană făină de migdale
- ¼ cana ceapa rosie tocata
- 2 lingurite boia afumata
- 1 lingurita de sare de telina
- 1 lingurita praf de usturoi
- 1 lingurita marar uscat (optional)
- ½ linguriţă piper negru proaspăt măcinat
- ¼ cană de ulei de măsline extravirgin
- 4 frunze mari de salată Bibb, ţepi groşi îndepărtaţi

Titluri:

Puneţi carnea de crab într-un castron mare şi îndepărtaţi orice coji vizibile, apoi zdrobiţi carnea cu o furculiţă. Într-un castron mic, amestecaţi ouăle, 2 linguri de aioli şi muştarul de Dijon. Adăugaţi-l în carnea de crab şi amestecaţi cu o furculiţă. Adăugaţi făina de migdale, ceapa roșie, boia de ardei, sarea de țelină, pudra de usturoi, mărarul (dacă este folosit), piper negru și amestecați bine. Se lasa 10-15 minute la temperatura camerei.

Formați în 8 prăjituri mici de aproximativ 2 inci în diametru. Încinge uleiul de măsline la foc mediu-mare. Coaceți prăjiturile timp de 2-3 minute pe fiecare parte, până se rumenesc. Acoperiți, reduceți căldura și gătiți încă 6-8 minute sau până când centrul este ferm. Scoate-l din tigaie.

Pentru a servi, înfășurați 2 prăjituri mici de crab pe fiecare frunză de salată verde și acoperiți cu 1 lingură de aioli.

Nutriție (la 100 de grame): 344 calorii 24 g grăsimi 2 g carbohidrați 24 g proteine 804 mg sodiu

Ambalaj salata de pui de tarhon portocale

Timp de preparare: 15 minute.

Ora mesei: 0 minute

Porții: 4

Nivel de dificultate: Ușor

Conținut:

- ½ cană de iaurt grecesc cu lapte integral simplu
- 2 linguri muștar de Dijon
- 2 linguri ulei de masline extravirgin
- 2 linguri tarhon proaspat
- ½ linguriță de sare
- ¼ de lingurita piper negru proaspat macinat
- 2 cani de pui tocat fiert
- ½ cană migdale mărunțite
- 4-8 frunze mari de salată Bibb, tulpinile îndepărtate
- 2 avocado mici coapte, decojite și feliate subțiri
- Coaja de 1 mandarină sau ½ portocală mică (aproximativ 1 lingură)

Titluri:

Într-un castron mediu, combinați iaurtul, muștarul, uleiul de măsline, tarhonul, coaja de portocală, sare și piper și amestecați până devine cremos. Adăugați pieptul de pui mărunțit și migdalele și acoperiți.

Pentru a asambla wrapurile, puneți aproximativ ½ cană de amestec de salată de pui în centrul fiecărei frunze de salată și acoperiți cu feliile de avocado.

Nutriție (la 100 de grame): 440 calorii 32 g grăsimi 8 g carbohidrați 26 g proteine 607 mg sodiu

Ciuperci umplute cu branza feta si quinoa

Timp de preparare: 5 minute.

Ora mesei: 8 minute

Porții: 6

Nivel de dificultate: mediu

Continut:

- 2 linguri de ardei gras rosu tocat marunt
- 1 catel de usturoi tocat
- ¼ cană quinoa fiartă
- 1/8 lingurita sare
- ¼ linguriță de cimbru uscat
- 24 de ciuperci, cu tulpină
- 2 uncii de brânză feta mărunțită
- 3 linguri de pesmet din cereale integrale
- spray cu ulei de măsline pentru gătit

Titluri:

Preîncălziți cuptorul la 360°F. Într-un castron mic, combinați boia de ardei, usturoiul, quinoa, sarea și cimbru. Turnați umplutura de quinoa în capacele de ciuperci până sunt pline. Acoperiți fiecare ciupercă cu o bucată mică de brânză feta. Presara peste fiecare ciuperca un praf de pesmet peste branza feta.

Umpleți coșul de friteuză cu spray de gătit, apoi puneți cu grijă ciupercile în coș, asigurându-vă că nu se ating între ele.

Pune coșul la cuptor și coace timp de 8 minute. Scoateți din cuptor și serviți.

Nutriție (la 100 de grame): 97 calorii 4 g grăsimi 11 g carbohidrați 7 g proteine 677 mg sodiu

Falafel din cinci ingrediente cu sos de iaurt cu usturoi

Timp de preparare: 5 minute.

Ora mesei: 15 minute

Porții: 4

Nivel de dificultate: Greu

Continut:

- <u>pentru falafel</u>
- 1 conserve (15 uncii) de năut, scurs și clătit
- ½ cană de pătrunjel proaspăt
- 2 catei de usturoi, tocati marunt
- ½ lingură de chimen măcinat
- 1 lingura de faina integrala de grau
- Sare
- <u>Pentru sosul de usturoi și iaurt</u>
- 1 cană iaurt grecesc natural fără grăsimi
- 1 catel de usturoi tocat
- 1 lingură mărar proaspăt tocat
- 2 linguri de suc de lamaie

Titluri:

Pentru a face falafel

Preîncălziți cuptorul la 360°F. Pune nautul in robotul de bucatarie. Se amestecă până aproape măcinat, apoi se adaugă pătrunjelul, usturoiul și chimenul și se mai fierbe încă un minut, până când ingredientele formează o pastă.

Adăugați făina. Mai loviți de câteva ori până se combină. Va avea consistența pastelor, dar năutul trebuie tăiat în bucăți mici. Cu mâinile curate, modelați aluatul în 8 bile de aceeași dimensiune, apoi loviți puțin bilele pentru a forma discuri semigroase.

Umpleți coșul pentru friteuza cu spray de gătit, apoi puneți chiftelele de falafel într-un singur strat în coș, asigurându-vă că nu se ating. Coaceți la cuptor timp de 15 minute.

Pentru a pregăti sosul de usturoi și iaurt

Amestecați iaurtul, usturoiul, mărarul și sucul de lămâie. Cand falafelul este gata si frumos rumenit pe toate partile, il scoatem din cuptor si il saram. Serviți sosul cu partea fierbinte în sus.

Nutriție (la 100 de grame): 151 calorii 2 g grăsimi 10 g carbohidrați 12 g proteine 698 mg sodiu

Creveți lămâie cu usturoi ulei de măsline

Timp de preparare: 5 minute

Ora mesei: 6 minute

Porții: 4

Nivel de dificultate: mediu

Continut:

- 1 kg de creveți medii, curățați și decojiți
- ¼ cană plus 2 linguri ulei de măsline, împărțit
- suc de ½ lămâie
- 3 catei de usturoi, tocati si impartiti
- ½ linguriță de sare
- ¼ de linguriță fulgi de ardei roșu
- Felii de lămâie pentru servire (opțional)
- Sos marinara pentru scufundare (optional)

Titluri:

Preîncălziți cuptorul la 380°F. Adaugati crevetii cu 2 linguri ulei de masline, zeama de lamaie, 1/3 usturoi tocat, sare si boia de ardei, apoi acoperiti bine.

Combinați restul de ¼ de cană de ulei de măsline și restul de usturoi tocat într-o cratiță mică. Rupeți o folie de aluminiu de 12" x 12" (30 x 30 cm). Puneți creveții în centrul foliei, apoi pliați părțile laterale în sus și pliați marginile pentru a crea un castron de folie deschis. Puneți acest pachet în coșul de gătit.

Creveții la grătar timp de 4 minute, apoi porniți friteuza și puneți oalele de ulei și usturoi în coșul de lângă pachetul de creveți. Gatiti inca 2 minute. Puneți creveții pe o farfurie sau un platou cu ulei de măsline cu usturoi în lateral pentru înmuiere. Daca se doreste, se poate servi si cu rondele de lamaie si sos marinara.

Nutriție (la 100 de grame): 264 calorii 21 g grăsimi 10 g carbohidrați 16 g proteine 473 mg sodiu

Cartofi prajiti crocanti de fasole verde cu sos de iaurt de lamaie

Timp de preparare: 5 minute.

Ora mesei: 5 minute

Porții: 4

Nivel de dificultate: mediu

Continut:

- <u>pentru fasole verde</u>
- 1 ou
- 2 linguri de apa
- 1 lingura de faina integrala de grau
- ¼ lingurita boia
- ½ linguriță de pudră de usturoi
- ½ linguriță de sare
- ¼ cană făină integrală
- ½ kilogram de fasole verde integrală
- <u>Pentru sosul de lamaie si iaurt</u>
- ½ cană iaurt simplu grecesc fără grăsimi
- 1 lingura de suc de lamaie
- ¼ lingurita sare
- 1/8 lingurita piper cayenne

Titlu:

Pentru a pregăti fasolea verde

Preîncălziți cuptorul la 380°F.

Într-un castron de mică adâncime, bateți ouăle și apa până devin spumoase. Într-un alt bol mediu de mică adâncime, amestecați făina, boia de ardei, pudra de usturoi și sarea, apoi adăugați pesmetul.

Ungeți fundul cuptorului cu spray de gătit. Înmuiați fiecare fasole verde în amestecul de ouă, apoi amestecul de pesmet și acoperiți exteriorul cu pesmet. Așezați fasolea verde într-un singur strat pe fundul coșului de friteuză.

Coacem la cuptor pentru 5 minute sau pana cand pesmetul devine maro auriu.

Pentru a face sos de iaurt cu lămâie

Adăugați iaurt, sucul de lămâie, sare și piper roșu și amestecați.
Serviți cartofi prăjiți cu fasole verde și dip de iaurt cu lămâie ca gustare sau aperitiv.

Nutriție (la 100 de grame): 88 calorii 2 g grăsimi 10 g carbohidrați 7 g proteine 697 mg sodiu

Chipsuri de pita cu sare de mare de casă

Timp de preparare: 2 minute.

Ora mesei: 8 minute

Porții: 2

Nivel de dificultate: Ușor

Continut:

- 2 paine pita din grau integral
- 1 lingura de ulei de masline
- ½ lingurita sare kosher

Titluri

Încălziți friteuza la 360°F. Tăiați fiecare pita în 8 felii. Într-un castron mediu, amestecați feliile de pita, uleiul de măsline și sarea până când feliile sunt acoperite și uleiul de măsline și sarea sunt distribuite uniform.

Aranjați feliile de pita într-un strat uniform în coșul de friteuză și gătiți timp de 6-8 minute.

Adăugați sare suplimentară după gust. Serviți singur sau cu sosul preferat.

Nutriție (la 100 de grame): 230 calorii 8 g grăsimi 11 g carbohidrați 6 g proteine 810 mg sodiu

Sos Spanakopita prajit

Timp de preparare: 10 minute.

Ora mesei: 15 minute

Porții: 2

Nivel de dificultate: mediu

Continut:

- spray cu ulei de măsline pentru gătit
- 3 linguri ulei de măsline, împărțit
- 2 linguri ceapa alba tocata marunt
- 2 catei de usturoi, tocati marunt
- 4 căni de spanac proaspăt
- 4 uncii de brânză cremă, înmuiată
- 4 uncii de brânză feta, împărțit
- coaja de 1 lamaie si
- ¼ lingurita de nucsoara macinata
- 1 lingurita marar uscat
- ½ linguriță de sare
- Chips-uri pita, bețișoare de morcov sau felii de pâine pentru servire (opțional)

Titluri:

Încălziți friteuza la 360°F. Ungeți interiorul unei tigaie de 6 inchi cu spray de gătit.

Încinge 1 lingură de ulei de măsline într-o tigaie mare la foc mediu. Adăugați ceapa și gătiți timp de 1 minut. Adăugați usturoiul și gătiți încă 1 minut, amestecând.

Reduceți focul și adăugați spanacul și apa. Gatiti pana spanacul este moale. Luați tigaia de pe aragaz. Într-un castron mediu, combinați crema de brânză, 2 uncii de brânză feta și restul de ulei de măsline, coaja de lămâie, nucșoară, mărar și sare. Se amestecă până se combină.

Adăugați legumele la baza de brânză și amestecați. Turnați amestecul de sos în tava pregătită și acoperiți cu restul de 2 uncii de brânză feta.

Puneți sosul în coșul de friteuză și gătiți timp de 10 minute sau până când este complet încălzit și clocotește. Serviți cu chipsuri pita, morcovi sau felii de pâine.

Nutriție (la 100 de grame): 550 calorii 52 g grăsimi 21 g carbohidrați 14 g proteine 723 mg sodiu

Sos de ceapă prăjită

Timp de preparare: 5 minute.

Ora mesei: 12 minute plus 1 oră pentru a se răci

Porții: 4

Nivel de dificultate: mediu

Continut:

- 2 căni de eșalotă decojită
- 3 catei de usturoi
- 3 linguri ulei de măsline, împărțit
- ½ linguriță de sare
- 1 cană iaurt grecesc natural fără grăsimi
- 1 lingura de suc de lamaie
- ¼ lingurita piper negru
- 1/8 linguriță fulgi de ardei roșu
- Chips pita, legume sau pâine prăjită pentru servire (opțional)

Titluri:

Preîncălziți cuptorul la 360°F. Într-un castron mare, amestecați ceapa și usturoiul cu 2 linguri de ulei de măsline până ce ceapa este bine acoperită.

Se toarnă amestecul de usturoi și ceapă în coșul de friteuză și se prăjește timp de 12 minute. Pune usturoiul și ceapa în robotul de bucătărie. Întoarceți legumele de câteva ori până când ceapa este tocată, dar totuși mai rămân câteva bucăți.

Se adauga usturoiul si ceapa si lingura ramasa de ulei de masline, sare, iaurt, zeama de lamaie, piper negru si fulgi de chili. După ce s-a răcit timp de 1 oră, se serveşte cu pita, legume sau pâine prăjită.

Nutriție (la 100 de grame): 150 calorii 10 g grăsimi 6 g carbohidrați 7 g proteine 693 mg sodiu

tapenadă de chili

Timp de preparare: 5 minute.

Ora mesei: 5 minute

Porții: 4

Nivel de dificultate: mediu

Continut:

- 1 ardei gras rosu mare
- 2 linguri plus 1 lingurita ulei de masline
- ½ cană măsline Kalamata, fără sâmburi și tocate
- 1 catel de usturoi tocat
- ½ linguriță de cimbru uscat
- 1 lingura de suc de lamaie

Titluri:

Preîncălziți cuptorul la 380°F. Ungeți exteriorul unui ardei gras roșu întreg cu 1 linguriță ulei de măsline și puneți-l în coșul de friteuză. Grill timp de 5 minute. Între timp, într-un castron mediu, amestecați restul de 2 linguri de ulei de măsline cu măsline, usturoi, cimbru și zeama de lămâie.

Scoateți ardeiul gras roșu din cuptor, apoi tăiați cu grijă tulpinile și îndepărtați semințele. Tăiați ardeiul gras prăjit în bucăți mici.

Adăugați ardeiul gras roșu în amestecul de măsline și amestecați până se combină. Serviți cu chipsuri pita, biscuiți sau pâine crosta.

Nutriție (la 100 de grame): 104 calorii 10 g grăsimi 9 g carbohidrați 1 g proteine 644 mg sodiu

Crustă de cartofi greceşti cu măsline şi brânză feta

Timp de preparare: 5 minute.

Ora mesei: 45 de minute

Porţii: 4

Nivel de dificultate: Greu

Continut:

- 2 cartofi ruginiti
- 3 linguri de ulei de măsline
- 1 lingurita sare kosher, impartita
- ¼ lingurita piper negru
- 2 linguri de coriandru proaspăt
- ¼ cană măsline Kalamata, tocate
- ¼ cană brânză feta, mărunţită
- patrunjel proaspat tocat pentru decor (optional)

Titluri:

Preîncălziţi cuptorul la 380°F. Faceţi 2-3 găuri în cartofi cu o furculiţă, apoi ungeţi cu aproximativ ½ lingură de ulei de măsline şi ½ linguriţă de sare.

Pune cartofii în coşul de friteuză şi găteşte timp de 30 de minute. Scoateţi cartofii din cuptor şi tăiaţi-i în jumătate. Folosind o lingură, răzuiţi pulpa cartofilor, lăsând un strat de ½ inch de cartofi pe piele şi lăsaţi deoparte.

Într-un castron mediu, aruncați jumătate din cartofi cu restul de 2 linguri de ulei de măsline, ½ linguriță sare, piper și coriandru. Se amestecă bine. Împărțiți umplutura de cartofi în coajele de cartofi deja goale și întindeți-le uniform. Acoperiți fiecare cartof cu o lingură de măsline și brânză feta.

Puneți coaja de cartofi umplute la cuptor și coaceți timp de 15 minute. Serviți cu cilantru sau pătrunjel tocat suplimentar și un strop de ulei de măsline, dacă doriți.

Nutriție (la 100 de grame): 270 calorii 13 g grăsimi 34 g carbohidrați 5 g proteine 672 mg sodiu

Pâine pită cu anghinare și măsline

Timp de preparare: 5 minute.

Ora mesei: 10 minute

Porții: 4

Nivel de dificultate: Ușor

Continut:

- 2 paine pita din grau integral
- 2 linguri ulei de măsline, împărțit
- 2 catei de usturoi, tocati marunt
- ¼ lingurita sare
- ½ cană inimioare de anghinare din conserva, feliate
- ¼ cană măsline Kalamata
- ¼ cană parmezan ras
- ¼ cană brânză feta, mărunțită
- patrunjel proaspat tocat pentru decor (optional)

Titluri:

Preîncălziți cuptorul la 380°F. Ungeți fiecare pita cu 1 lingură de ulei de măsline, apoi stropiți cu usturoi tocat și sare.

Împărțiți inimile de anghinare, măslinele și brânza în mod egal între cele două pita și le coaceți pe ambele în cuptorul cu aer aer pentru 10 minute. Înainte de servire, scoateți pita și tăiați-o în 4 părți. Daca doriti, presarati patrunjel deasupra.

Nutriție (la 100 de grame): 243 calorii 15 g grăsimi 10 g carbohidrați 7 g proteine 644 mg sodiu

www.ingramcontent.com/pod-product-compliance
Lightning Source LLC
Chambersburg PA
CBHW070418120526
44590CB00014B/1446